RESEARCH ON THE CONSTRUCTION OF DIGITAL GOVERNANCE SYSTEM FOR PLATFORM ECONOMICS

Platform Economics

组织、技术、制度：
平台经济数字治理体系构建研究

姚梦迪 ◎ 著

华中科技大学出版社
http://press.hust.edu.cn
中国·武汉

图书在版编目(CIP)数据

组织、技术、制度：平台经济数字治理体系构建研究 / 姚梦迪著. -- 武汉：华中科技大学出版社, 2024.6. -- ISBN 978-7-5772-1055-1

Ⅰ. D630.1

中国国家版本馆CIP数据核字第2024CJ6982号

组织、技术、制度：平台经济数字治理体系构建研究　　　　　　姚梦迪　著
Zuzhi、Jishu、Zhidu: Pingtai Jingji Shuzi Zhili Tixi Goujian Yanjiu

策划编辑：	张馨芳
责任编辑：	苏克超
封面设计：	廖亚萍
责任校对：	张汇娟
责任监印：	周治超

出版发行：华中科技大学出版社（中国·武汉）　　电话：(027) 81321913
　　　　　武汉市东湖新技术开发区华工科技园　　　邮编：430223
录　　排：华中科技大学出版社美编室
印　　刷：湖北金港彩印有限公司
开　　本：710mm×1000mm　1/16
印　　张：9.25　　插页：2
字　　数：201千字
版　　次：2024年6月第1版第1次印刷
定　　价：58.00元

本书若有印装质量问题，请向出版社营销中心调换
全国免费服务热线：400-6679-118　　竭诚为您服务
版权所有　侵权必究

前　言

平台经济保持高速增长，成为我国经济高质量发展的关键动力。就我国平台经济而言，无论是规模与影响还是创新力与活力都位居世界前列。平台经济在稳定经济增长、促进产业升级、创造就业机会等方面发挥重要作用的同时，也存在市场垄断、信息不对称、负外部性等市场失灵问题，数字平台侵犯用户隐私等严重干扰了市场经济秩序，影响了经济社会的稳定和发展，损害了公众的切身利益，引起了社会各界的高度关注。政府难以确保政策和治理方式适应快速变化的环境，从而导致生产关系调整特别是政府理念和治理政策的调整明显滞后于技术进步和产业发展。首先，平台经济打破了传统经济治理的制度与组织基础。其次，平台经济突破了传统经济治理的场域限制，基于职能分工和属地管理的传统行政管理体制难以实现物理世界和数字孪生场域的全覆盖，分散化、碎片化的权力结构使得强有力的责任主体难以出现，极大地增加了管理沟通成本。再次，平台经济的复杂场景增加了治理的难度，平台跨界融合和快速变化的场景生态造成平台治理的内容难以预测、识别和判定，平台的网络效应增加了垄断的判定难度。最后，基于工业经济时代规制框架的治理工具出现系统性失灵现象，在缺乏指引性治理目标的情况下，平台治理中多方利益相关者难以形成合力，一些具有创新性的政策举措难以推行，面临较大的制度约束与阻力。

习近平总书记强调，随着互联网特别是移动互联网发展，社会治理模式正在从单向管理转向双向互动，从线下转向线上线下融合，从单纯的政府监管向更加注重社会协同治理转变。以数据集中和共享为途径，建设全国一体化的国家大数据中心，推进技术融合、业务融合、数据融合，实现跨层级、跨地域、跨系统、跨部门、跨业务的协同管理和服务。习近平总书记的讲话为平台经济治理的现代化指明了根本方向。本书以面向构建促进平台经济健康发展的现代化治理体系为要求，以保障平台经济"安全、效率、公平"三位一体均衡发展为目标，借鉴现代治理和规制经济理论，充分发挥数字技术的支撑作用,以解决平台经济健康发展中面临的"规模与垄断""创新与风险"两难境地为总体问题,以"三融五跨"(技术融合、业务融合、数据融合,跨层级、跨地域、跨系统、跨部门、跨业务)协同为出发点,对平台经济治理的理论逻辑和体系进行创新。

综合现有关于平台经济内涵与特征、治理困境、数字治理理论与技术及其在平台经济中的应用、治理经验的研究可知:平台经济发展正面临"规模与垄断""创新与风险"两难境地。如何通过平台经济治理,在防范风险和保障安全的前提下,促进创新以提升平台经济效率,实现平台经济高质量发展,是亟待解决的问题。但是传统反应型治理已远远落后于平台经济高质量发展的需要,数据要素和数字技术双重赋能的平台经济预防型治理和前瞻型治理紧迫而重要,平台经济数字治理理论和治理体系的创新正成为研究热点。现有研究成果为平台经济数字治理创新研究提供了重要启示与借鉴,但围绕平台经济"安全、效率、公平"三位一体均衡发展目标,从构建平台经济现代化治理体系视角分析,还有待进一步深入思考和探讨。

因此,本书着眼于促进我国平台经济健康发展中的政府治理问题,融入目前最新治理体系、治理能力现代化思想及规制经济学思想的研究视角,系统研究促进平台经济健康发展的数字治理理论逻辑、分类治理模式、协同治理机制、智能治理体系和优化治理政策,形成平台经济"全息精准适配—全域多元协同—全程智能决策"的现代化数字治理体系和政策建议。主要研究内容包括以下几点。

第一,探究平台经济治理的现实需求,明确平台经济数字治理理论逻辑。平台经济双边市场、网络外部性等特征突出,容易造成垄断、负外部性等市场失灵现象和传统治理的失效。因此,需厘清平台经济健康发展的现实问题及治理需求,构建促进平台经济健康发展的数字治理范式。通过深入分析国内外平台经济的发展现状,揭示平台经济双边市场和网络外部性特征,探究平台经济的演进规律及发展趋势;基于扎根理论模型,分析平台垄断和负外部性导致市场失灵的具体表现,揭示平台经济市场失灵的经济学原因;从治理理论、治理方法和治理技术三个层面,剖析传统治理在平台经济健康发展中的困境及其根源,运用现代治理理论提出破解传统治理失效的思路;剖析平台经济健康发展对现代化治理的迫切需求,综合"技术、业务、数据"三个方面,"模式、机制、手段"三个层面,"理念、主体、目标、场域、内容、工具"等多个维度,形成平台经济"组织治理—技术治理—制度治理"的现代化数字治理逻辑,构建我国平台经济数字治理的理论核心框架。

第二，从组织逻辑上设计平台经济多元主体共治的全域协同机制。平台经济多元主体共治是由多元主体构成的相互融合开放的复杂系统，多元主体在利益诉求、资源能力和行动取向上不可避免存在内在冲突，也面临组织碎片、数据孤岛、政策冲突等诸多挑战。本书基于合作治理理论和协同治理理论，研究互联网环境下平台经济协同治理的主体构成、主体特征、权责边界及主体间关系，分析平台经济多元共治中的组织碎片、数据孤岛、政策冲突等协同问题，设计平台经济多元共治的主体关系协同机制，推进部门协同、区域协同和央地协同；基于区块链技术，设计平台经济多主体"组织合作—数据共享—政策协调"机制。

第三，从技术逻辑上构建平台经济可信数据驱动的全程智能治理机制。通过分析"互联网＋"背景下平台经济全程智能治理需求，明确全程智能治理的内涵及目标；面向多元主体"五跨"协同治理，探讨平台经济治理的数据维度和基于区块链的数据治理机制，为平台经济全程智能治理提供可信多维数据基础；基于可信多维数据，研究数据赋能"精准适配分类治理—多元主体流程协同—主动预防智能决策"的平台经济全程智能治理框架体系，为全程智能治理体系的构建提供技术路径指导；基于复杂巨系统理论，借鉴"（专家＋信息系统＋AI系统＋计算机）×组织"所形成的综合集成法，研究平台经济全程智能治理体系"连接—感知—智慧"三层递进的实施路径，实现平台经济全程智能治理。

第四，从制度逻辑上构建平台经济治理政策优化路径。围绕平台经济治理政策文本评价这一主题，运用基于政策工具评价的PMC框架分析平台经济治理的政策内容、政策工具使用、政策时效等。首先，通过对我国平台经济治理政策文本的挖掘，识别我国平台经济治理政策主要通过哪些维度来推动平台经济健康发展；在此基础上梳理出各政策类属的关系，形成政策路径。其次，结合政策路径分析及政策类属，识别各政策工具使用情况。最后，根据平台经济治理政策工具的使用情况，以一定标准设置工具评价指标，构建PMC政策指标体系，并依据政策评价指标对各省（区、市）平台经济治理政策进行量化评价。基于政策工具分析结果，提出应通过协调政策工具结构比例，加强政策工具的整体性规划；建立政策工具的追踪评价机制，动态优化政策方向。基于政策评价分析结果，提出可进一步在政策时效、监管机制和权益保障维度进行优化。

第五，以"三融五跨"协同为逻辑起点，系统研究促进平台经济高质量发展的数字治理理论逻辑、全域协同的组织治理机制、全程智能的技术治理系统和持续优化的治理制度，形成平台经济"组织治理—技术治理—制度治理"的现代化数字治理体系。从组织、技术、制度三重逻辑层面，提出以基础设施助力数字治理政策实施、以主体协同助力多元共治关系构建机制、以制度体系助力数字治理行动保障。在通过数字治理促进平台经济高质量发展的同时，促进治理理论、治理理念和治理方法的创新、转型与升级。这为平台经济高质量发展提供更为客观科学的理论指导，在丰富、发展和完善反垄断、政府规制相关理论的同时，助力中国经济发展尤其是平台经济发展实践。

从理论创新层面而言，本书在深入剖析平台经济市场失灵表现及其根源的基础上，结合现代治理理论的最新进展，以数字治理为核心，探究平台经济数字治理的理论逻辑，为平台经济数字治理体系的构建提供理论依据，在理论上具有一定的突破性。从实践应用层面而言，本书依据平台经济数字治理理论逻辑，确定平台经济"安全、效率、公平"三位一体均衡发展目标，形成"全息精准适配—全域多元协同—全程智能决策"的数字治理体系，可为我国平台经济治理能力现代化建设提供精细化的实践应用指导。从决策服务层面而言，本书在厘清平台经济数字治理理论逻辑的基础上，剖析平台经济治理政策对治理效能的作用机理，根据政策文本评价结果反馈优化治理政策设计，并提出治理政策的实施路径，可为政府部门治理政策的优化与实施提供一定的参考与启示。

为了表述需要，书中个别地方难免有重复之处，敬请谅解。

目 录

第一章 导论 (1)
第一节 平台经济 (1)
第二节 文献综述 (7)
第三节 研究意义及主要创新 (25)

第二章 平台经济的治理困境及成因剖析 (30)
第一节 平台经济健康发展面临的主要问题 (30)
第二节 平台经济治理困境的主要表现及其根源 (37)

第三章 平台经济数字治理的理论分析框架构建 (40)
第一节 平台经济治理体系的逻辑起点：化解治理困境 (41)
第二节 平台经济数字治理的动力引擎："三性""三化"原则 (43)
第三节 平台经济数字治理要素分析：主体、目标、手段、过程、效能 (45)
第四节 路径选择：平台经济数字治理体系核心框架 (48)

第四章 组织逻辑：平台经济治理的主体多元协同 (53)
第一节 平台经济协同治理的框架体系 (53)
第二节 平台经济多元共治的协同治理逻辑 (58)
第三节 平台经济多元共治的主体协同治理关系 (63)

第五章　技术逻辑：平台经济全程智能治理系统设计 …………(69)
第一节　平台经济全程智能治理的需求与目标 ………………(70)
第二节　平台经济全程智能治理的多源数据基础 ……………(72)
第三节　平台经济全程智能治理的数字技术驱动机制 ………(81)
第四节　平台经济全程智能治理的全域系统设计 ……………(86)

第六章　制度逻辑：平台经济数字治理政策分析及制度优化 …(94)
第一节　平台经济治理政策的分析框架及数据基础 …………(95)
第二节　我国平台经济治理政策工具分析 ……………………(102)
第三节　我国平台经济治理政策评价分析 ……………………(106)
第四节　平台经济治理的制度优化 ……………………………(115)

第七章　"组织-技术-制度"三维框架下平台经济数字治理体系的实施路径 ……………………………………………………(118)
第一节　技术赋能：以基础设施助力数字治理政策实施 ……(119)
第二节　动力机制：以主体协同助力多元共治关系构建 ……(121)
第三节　保障措施：以制度体系助力数字治理行动保障 ……(123)

主要参考文献 ……………………………………………………(127)

第一章

导 论

平台经济作为数字经济中的一种特殊形态，突破了传统经济模式在地域、时间、交易规模、信息沟通等方面的很多约束，成为整合产业链和提高资源配置效率的一种新型经济模式，渗透和重塑着社会经济环境，获得了全新的规模、内涵、效率和影响力。平台经济具有集聚性、开放性、寡占性等典型特征，更容易造成平台垄断、数据安全等问题。在应对平台经济发展过程中面临的问题及挑战时，传统治理在理论、方法、技术等方面具有较大局限，导致治理低效或失效。

本章在明确平台经济概念的基础上，深入分析国内外平台经济发展现状，归纳平台经济发展的双边/多边市场性、网络外部性、集聚性、开放性、寡占性等特征，分析平台经济演进趋势；总结学术界关于平台经济内涵与特征、治理困境、数字治理理论与技术及其在平台经济中的应用、治理经验等方面的研究，围绕平台经济"安全、效率、公平"三位一体均衡发展目标，从构建平台经济现代化治理体系视角进行分析，指明平台经济治理中迫切需要解决的现实及学理问题，为平台经济治理体系构建形成清晰的基础支撑。

第一节 平 台 经 济

当前，我国新兴产业蓬勃发展，平台经济以互联网、大数据、人工智能等数字技术为支撑，以创新为驱动，以连接创造价值为理念，以开放的生态系统为载体，以信任创造为核心，对优化市场资源配置、促进跨界融通发展、推动产业转型升级起到了重要作用,为我国经济高质量发展注入新动能。平台经济作为数字经济中的一种新业态、新模式,其本身不是一个新产物,但由于物联网、移动互联网、5G、区块链等新兴数字技术的应用,使其改变了传统平台受到的地域、时间、交易方式、沟通方式等多重限制,打造了优化产业链、提升上下游资源配置效率的创新经济模式,深入改变和重新塑造了整个现代化社会经济环境,获得了全新的规模、内涵、效率和影响力。

2018年3月5日,在十三届全国人民代表大会第一次会议上,"平台经济"首次被写入政府工作报告。徐晋认为,平台经济是指一种虚拟或真实的交易场所,平台本身不生产产品,但可以促成双方或多方供求之间的交易,收取恰当的费用或赚取差价而获得收益。互联网平台经济是基于互联网、云计算等新一代信息技术的新型经济形态。互联网平台经济的发展对贸易及产业创新、升级都有重要意义。[①]

关于平台经济的内涵,国内外相关文献及政策文件均进行了探讨。在本书中,平台经济是指在数字技术的驱动下,以互联网平台为基础,整合数量众多且零散的资源,连接具有相互依赖关系的多方,促进彼此互动与交易,形成的健壮的、多样化的数字平台生态系统。

一、平台经济发展现状

近年来,全球平台经济迅猛发展。平台经济正将遍布全球各地的市场主体汇聚起来,共同创造价值。平台企业(又称"平台型企业")如雨后春笋般涌现,2008年左右,爱彼迎、优步等先后创立。平台企业不仅规模较大,而且近年来发展速度不断加快。埃森哲《技术展望2016》指出,目前全球最大15家已上市平台企业的总市值已高达26万亿美元。在2018年全球市值前十的上市企业中,平台企业市值比重由2008年的8.2%上升至77%,规模达到4.08万亿美元,较2008年增长了22.5倍。2020年,全球市值排名前十的大企业主要以互联网平台企业为主,如苹果、亚马逊、微软、谷歌、Facebook、腾讯、阿里等。由此可见,近年来,平台经济发展速度较快,已成为推动世界经济增长的核心引擎。

就我国的平台经济而言,无论是规模与影响还是创新力与活力都位居世界前列。截至2021年底,市值10亿美元以上的平台企业已超过200家,腾讯、阿里、字节跳动、拼多多等已成为市值万亿元以上的超大型平台企业。《2021

---

① 徐晋:《平台经济学——平台竞争的理论与实践》,上海交通大学出版社2007年版。

年我国百强互联网企业发展态势研究》显示，超大型平台企业已占百强企业总市值的51.7%。从发展后劲看，《2021全球独角兽榜》显示，在我国的301家独角兽企业中，电子商务类、健康科技类和人工智能类各占三分之一，其中，8家独角兽企业估值超千亿元，字节跳动、蚂蚁集团、菜鸟网络跻身全球前十。2021年，国家市场监督管理总局发布的《互联网平台分类分级指南（征求意见稿）》中，明确了超级平台的精准测算及衡量标准，如市值在1万亿元以上等。目前，在我国平台经济市场中，典型的互联网企业，如阿里、腾讯、字节跳动、美团、拼多多等多行业平台企业均已符合国家市场监督管理总局对于超级平台的测算及衡量标准。

《中国互联网发展报告2023》显示，2022年，我国数字经济规模达到50.2万亿元，同比名义增长10.3%，已连续11年显著高于同期GDP名义增速，数字经济占GDP比重相当于第二产业占国民经济的比重，达到41.5%。[①] 数字经济的一个独有特征——无接触交易的优势显现，平台经济展现出的多种新技术、新业态、新模式，网络的便捷性、数字经济的共享性，在降低企业成本的同时提升了消费者效用。数字经济与产业深度融合，促进经济向好发展。平台经济已经深度融入金融科技、数字媒体、本地生活、企业服务等领域之中。金融科技、数字媒体、本地生活、企业服务等领域呈现出平台企业数量和在平台经济中价值占比双增加的趋势，代表了平台经济发展的新兴力量。

我国平台经济能够走向世界前列，与党中央、国务院自2015年起持续在重要文件中的明确态度紧密相关，并得到相关部门及时出台指导意见的大力支持。2015年10月，中央十八届五中全会公报中首次提出"发展分享经济"。2016年7月，《国家信息化发展战略纲要》发布，强调要"发展分享经济，建立网络化协同创新体系"，分享经济成为国家信息化发展战略的重要组成部分。2017年7月，《关于促进分享经济发展的指导性意见》正式出台。2018年3月，"平台经济"首次被写入政府工作报告。2019年2月，商务部等12部门印发《关于推进商品交易市场发展平台经济的指导意见》，提出构建平台生态，激发市场活力。2021年政府工作报告提出，国家支持平台企业创新发展、增强国际竞争力，同时要依法规范发展，健全数字规则；发展工业互联网，促进产业链和创新链融合，搭建更多共性技术研发平台；引导平台企业合理降低商户服务费。2021年3月，习近平总书记主持召开中央财经委员会第九次会议，肯定平台经济有利于提高全社会资源配置效率，推动技术和产业变革朝着信息化、数字化、智能化方向加速演进，有助于贯通国民经济循环各环节，也有利

---

① 中国互联网协会：《中国互联网发展报告（2023）》，电子工业出版社2023年版。

于提高国家治理的智能化、全域化、个性化、精细化水平。会议强调，从构筑国家竞争新优势的战略高度出发，建立健全平台经济治理体系，健全完善规则制度，提升监管能力和水平，推动平台经济为高质量发展和高品质生活服务。2021年12月，国家发展改革委等部门联合印发《关于推动平台经济规范健康持续发展的若干意见》，明确坚持发展和规范并重，建立健全平台经济治理体系，构建有活力、有创新力的制度环境，促进平台经济规范健康持续发展。2022年10月，党的二十大报告再次明确提出要加快发展数字经济，促进数字经济和实体经济深度融合。平台经济是数字经济的重要组成部分，平台经济的健康发展是加快发展数字经济的重要内容。2022年至2023年，政府工作报告从发展数字经济的视角部署平台经济的发展。2022年政府工作报告提出，促进数字经济发展，完善数字经济治理，引导大型平台企业降低收费，减轻中小商户负担。截至2022年末，平台企业针对各项监管措施的整改陆续完成。2023年政府工作报告在总结过去5年成就时，高度肯定了我国促进数字经济和实体经济深度融合，促进平台经济健康持续发展，发挥其带动就业创业、拓展消费市场、创新生产模式等作用；在谈到今后重点工作时，报告指出"大力发展数字经济，提升常态化监管水平，支持平台经济发展"。目前国内外主要典型平台企业如表1-1所示。

表1-1 目前国内外主要典型平台企业

业务领域	企业名单
电子商务平台	阿里巴巴、京东、唯品会、拼多多、网易严选等
金融互联网平台	余额宝、百度金融、京东金融、易信、Lending Club、Prosper、Kickstarter等
工业互联网平台	浪潮云洲工业互联网平台、Beacon Global Technology、宝信软件、海尔等
出行平台	ZipCar、Buzzcar、Car2go、神州租车、滴滴出行、Uber、Grab、Lyft等
泊车共享平台	共停、蓉e停、共享停车、淘车位、e代泊、PP停车等
住宿平台	Airbnb、小猪短租、伊宿租房等
信息共享平台	Wiki、Facebook、Waze、TripAdvisor等
共享单车平台	哈啰单车、美团单车、Airbike等
医疗信息平台	Medical Mall、企鹅医生、Hello Health、Cohealo、HelpAround、优医酷等

续表

业务领域	企业名单
外包服务平台	TaskRabbit、Elance-oDesk、猪八戒等
物流平台	京东物流、货拉拉、菜鸟网络等

二、平台经济演进趋势

1. 范围集聚形成新模式

在平台经济中，平台服务提供者、消费者以及平台组织者构建了一种开放互嵌式的生态结构，多方主体间不再是简单的线性关系或上下游关系，而是形成立体开放的网状结构。平台企业运用新技术、新业态、新模式，将产业上下游、供应链全网络，以及线下生产、线上交易、物流、服务、消费各环节等整合到统一平台上，以构建生态系统的方式创新商业组织模式，形成流通便捷、服务高效、资源配置优化的现代流通生态圈。平台经济由于相较于传统经济所具有的突破地域、时间的约束特征，更易通过范围集聚形成新的应用模式，主要表现为围绕数字化平台的虚拟集群、围绕供应链的虚拟集群、围绕产业园区的虚拟集群等。平台经济依托数字技术与数据资源共享互通，打破传统供应链之间的数据孤岛，突破企业组织和地理空间的物理现实界限，通过契约或网络形成新模式，极大促进了虚拟集群的发展与创新。

2. 规模经济形成新效率

与传统产业不同，平台经济由于经营不受地域、时间、空间、自然资源等条件限制，行业固定成本较低，规模经济效应显著。平台经济可以首先通过技术规模效应解决或缓解产品和服务的高成本约束，再通过网络效应使平台运营和服务的成本变化低于所服务客户数量的变化，以达到极端规模经济下的边际临界值，使其成本增长无限趋于零。目前国内平台经济优势集中于电商、社交、在线视频、支付、搜索引擎等领域，通过为消费终端用户提供在线商品或服务，形成直播电商、移动支付、共享经济等各类应用创新。同时，头部平台企业集中的趋势明显。[①] 头部平台企业利用集聚数据优势、流量优势迅速形成技术和数据垄断，为平台经济的发展带来新效率。

---

① 陈静、孟凡新：《新发展阶段平台经济发展问题、演变走向及建议》，《商业经济研究》2023年第11期。

3. 技术锁定形成新垄断

伴随着数字技术的发展，平台生态主体创造海量数据流。平台生态中，无论接入平台的是线下实体物质，还是线上服务和信息，均以开放、统一、可读取、可计算、可流动的数据作为呈现及流通方式。在海量信息汇集后，平台可将离线历史数据、在线实时数据通过采集、组织、存储、处理、共享与利用等多个环节，进行数据分析与挖掘，实现平台交易等多种服务，实时监测平台整体运行状况，促进供需双方的精确适配、多元协同、智能决策，提高服务资源配置效率。平台依托数据这种新兴生产要素以及数字技术，在一定程度上改变了现行生产方式与消费模式，在催生数字经济的同时，也服务于平台经济的变革与管理。

相较于传统产业，平台经济垄断的出现更依赖于数字技术发展及海量数据锁定。依托于数字化基础设施所带来的数字技术创新及数据集聚，能快速为平台企业带来新模式、新业态，而无须在前期进行过多的固定资产投入。平台经济这种商业模式创新能快速形成技术、资源、算法、用户规模等方面的集聚，从而在规则制定、资产专属权、交易排他权等方面具有绝对优势，当平台通过这些优势和资源进行不正当竞争时，会产生垄断。

数据、算法、流量的垄断强化了平台的垄断。在电商网络交易平台强迫商家"二选一"等不正当竞争行为及大数据杀熟的不公平价格行为等发生后，相关平台均遭到垄断质疑。如何识别平台的不正当竞争行为及如何规制互联网的垄断行为，已成为促进平台经济健康发展中亟待解决的重要问题。

4. 跨界融合形成新业态

在互联网等数字技术以及新基建的助力下，平台经济将平台服务提供者、平台服务需求方以及消费者等多种市场主体整合到同一场所，通过集成线上和线下资源，使得平台服务边界被扩展，服务信息也被有效流通。首先，平台经济无界性体现在通过利用互联网技术的高效便捷连接，将平台经济中多元主体涉及的信息和要素构建成互联互通共享、流动畅通的信息平台网络，提升信息流通度及信息交换处理的高效性。其次，平台经济的时空无界性体现在通过平台的优势使得平台受众的空间范围不断拓展，平台服务业务和对象数量增加，平台服务可跨地域、跨时段进行，不再受到时间、空间与容量限制，实现对平台服务"7×24小时"全覆盖。

随着平台经济与产业融合不断加深，产业内部的行业边界不断拓宽，不同产业通过平台经济的优势来实现跨界融合，极大促进了平台经济的发展。在大数据、云计算、移动互联网、5G等数字技术的支撑下，平台经济与传统产业融合，新业态、新模式、新应用层出不穷，在出行、支付、餐饮、传统供应链、直播电商等行业不断创新。

5. 责任缺失形成新风险

随着平台经济与社会经济各行各业的不断深入融合，其对经济社会发展的影响程度也不断提升。但是，平台企业社会责任缺失和算法歧视等现象产生了一些社会问题。一方面，平台企业在自身的商业行为中会发生违背社会责任事件，如大数据杀熟、过度追踪和收集用户"数字足迹"等；另一方面，平台企业对双边用户的行为缺乏管理，导致社会责任缺失，如直播平台对平台主播的不当言论或错误引导行为未能明确识别及采取处罚手段，电商平台对"山寨"产品或错误评价诱导行为没有明确合理的治理方式，消费者售后服务质量难以得到保证等。平台企业自身社会责任缺失问题导致一些突破法律底线、侵害用户权益以及破坏社会秩序的现象，既包括平台企业个体的数据与算法责任缺失、平台安全运营底线责任缺失等平台个体社会责任缺失问题，也包括平台内用户的产品服务质量与合规运营等用户层面的社会责任缺失问题，还包括平台个体与平台用户形成的责任寻租、流量寻租、信用寻租、价格寻租等社会责任缺失问题。[①]

第二节　文献综述

一、平台经济研究进展

（一）平台经济内涵

关于平台经济内涵的讨论主要从双边市场、经济系统、经济形态等多维度展开。国外学界对于平台经济相关理论的探究要追溯到双边市场理论的研究，

[①] 肖红军、阳镇、商慧辰：《平台监管的多重困境与范式转型》，《中国人民大学学报》2022年第4期。

"双边市场"一词起初由 Rochet 和 Tirole 正式提出。[①] Armstrong 将双边市场定义为：对于两组或双边需借助网络平台进行互动的用户而言，其中一端用户加入平台的收益或效用与加入该平台的另一组用户的数量有关。[②] Rochet 和 Tirole 对平台经济给出了一个基本定义：如果平台可以通过向市场的一方收取更多费用并将另一方支付的价格降低相同数量来影响交易量，则市场是双边的；也就是说，价格结构很重要，而平台必须设计这种结构以便让双方都参与其中，即两方以上的参与者通过利益互动形成的市场为双边市场或平台经济。[③] Rochet 和 Tirole 的研究引发了学者们对平台经济的研究热潮，学界相继提出了多边市场、间接网络效应、多属策略、价格结构、交叉网络外部性等概念来进一步研究平台经济现象。[④] 以上概念的提出只简单延伸了 Rochet 和 Tirole 的双边市场逻辑，即在传统经济学的理论、模型、范式及观念的基础之上[⑤]，仅将平台经济作为一种经济类型，未将平台经济作为互联网背景下的资源配置新方式及新商业模式。因此，所形成的系列观点并未充分剖析平台经济的基础逻辑、本质特征及运行机制，也无法基于此得出平台经济分析的新理论、新方法，更难以深入探究平台经济现有困境和治理路径。

因此，学界对于平台经济概念的界定中，开始考虑数字技术在平台经济中的关键角色及平台组织的多边特性。尼克·斯尔尼塞克提出平台企业新型形式构建的基础是依托新兴数字技术及新型基础设施优势集聚的海量数据资源，平台作为数字化基础设施搭建了面向多主体交易互动的渠道。[⑥] 杰奥夫雷·G. 帕克等认为，平台作为连接服务供应者与潜在需求者进行互动的基础，为服务供应者与潜在需求者之间的互动构建了开放的参与式架构。[⑦] 一些学者则重视数字技术条件下，社会网络的核心组织形式平台的兴起，并以平台经济对新经济

[①] Rochet J. C., Tirole J., Platform competition in two-sided markets, Mimeo IDEI, 2001.

[②] Armstrong M., Competition in two-sided markets, University College, London, 2004.

[③] Rochet J. C., Tirole J., Two-sided markets: a progress report, RAND journal of economics, 2006, No. 3.

[④] 徐晋、张祥建：《平台经济学初探》，《中国工业经济》2006年第5期。

[⑤] 陈红玲、张祥建、刘潇：《平台经济前沿研究综述与未来展望》，《云南财经大学学报》2019年第5期。

[⑥] 尼克·斯尔尼塞克：《平台资本主义》，程水英译，广东人民出版社2018年版。

[⑦] 杰奥夫雷·G. 帕克、马歇尔·W. 范·埃尔斯泰恩、桑基特·保罗·邱达利：《平台革命：改变世界的商业模式》，志鹏译，机械工业出版社2019年版。

范畴加以概括。① 平台经济作为数字经济的核心形态，借助新信息技术，通过互联网平台组织、协调和配置资源，正在重构各个行业运行的生态体系。② 基于数据资源，通过数字技术对数据要素进行采集、挖掘、存储、分析及共享等过程，不仅打破了现有理性行为选择过程中的信息约束、认知约束，构建出传统市场价格机制无法适用也与企业组织不尽相同的全新资源分配方式和全新产业组织结构。③

从经济系统视角来看，贺宏朝④从实体经济角度出发，在国内学界首次创新性明确平台经济的概念，认为平台经济是由平台多个参与主体构建的创新性的竞争结构，多个主体间进行资源优化配置的方式是以合作协调、平等均衡为原则创造整个平台系统增值效用。目前，在数字经济时代，平台经济的概念被概括为一种依托一系列新兴数字技术，由数据驱动、平台支撑、网络协同的经济活动单元所形成的新经济系统，是基于数字平台的各种经济关系的总称。⑤

谢富胜等将数字平台定义为采用基础数据采集整理、共享传输等数据处理方式，并向多方主体进行经济活动信息传输的基础设施平台。⑥ 其中，搭建起这种经济活动信息传输平台的企业组织被定位为平台组织，而多个平台主体之间则由数字化基础设施来进行连接，构建一系列经济活动的新经济组织形式称为平台经济。从经济形态视角来看，史健勇认为，平台经济是由平台运营者、平台参与者和平台运行规则三大要素构成的新经济形态，在该经济形态下，平台运营者、平台参与者通过汇聚数据资源、整合数字技术、优化资源配置，共同实现"一方投入多方获益"的运行规则，不仅可以实现平台参与者获益，也让自身可持续增值。⑦

（二）平台经济特征

平台经济特征主要有双边市场性、网络外部性等。双边市场性是指平台企

---

① 谢富胜、吴越、王生升：《平台经济全球化的政治经济学分析》，《中国社会科学》2019年第12期。
② 周文、刘少阳：《平台经济反垄断的政治经济学》，《管理学刊》2021年第2期。
③ 易宪容、陈颖颖、于伟：《平台经济的实质及运作机制研究》，《江苏社会科学》2020年第6期。
④ 贺宏朝：《"平台经济"下的博弈》，《企业研究》2004年第12期。
⑤ 赵昌文：《高度重视平台经济健康发展》，《金融博览》2020年第1期。
⑥ 谢富胜、吴越、王生升：《平台经济全球化的政治经济学分析》，《中国社会科学》2019年第12期。
⑦ 史健勇：《优化产业结构的新经济形态——平台经济的微观运营机制研究》，《上海经济研究》2013年第8期。

业的买卖双方相互吸引，平台可以整合具有互补需求的双边用户，平台企业的双边用户履行各自的责任，为平台的正常运转做出贡献，而双边市场具有网络外部性。① 网络外部性是指每个用户得到的效用随着使用相同产品或服务的用户数量的变化而变化，包括同边网络外部性和交叉网络外部性。② 交叉网络外部性作为双边市场较显著的特征之一，也是平台经济构建新业态、新模式所需重点考虑的内容。基于平台经济的网络外部性使平台用户进行高效资源匹配和吸引，从而使平台获得大量注册使用量，形成数据资源、用户资源、流量等多维垄断，提高企业的竞争力③。平台经济的网络外部性包括间接网络外部性和直接网络外部性。其中间接网络外部性主要体现在平台一端用户数量对于另一类用户的服务价值维度的影响或改善。而直接网络外部性一般是指平台消费者的交易量对平台的价值产生正向作用，如消费者对于平台服务或产品的使用数量增加带来平台价值的增加。以平台共享软件为例，随着产品用户数量及使用频率的增加，平台服务提供方也会进一步优化该软件。平台经济中平台为买卖双方提供服务，促成交易，随着买卖双方任何一方数量的增长，从而带来另一方数量的增长，其网络外部性特征就越明显。所谓平台经济的交叉外部性，是指平台经济的正向外部性产生的平台企业规模收益递增现象，从而使得平台中占据优势的一方以掌控全局的方式对该平台市场进行垄断，而劣势一方在平台市场竞争中失去竞争优势。

平台经济是由多元利益主体组成的生态系统，各主体间构成了大规模的协作体系，直接决定平台是一种开放的经济形态。④ 平台的生态性、数据资源的开放性、数字技术手段的智能性，使得平台突破传统企业的时域界限，在范围上形成集聚、边界逐渐模糊，深入渗透各种行业，跨越不同地域。⑤ 许多大型数字经济平台构建了购物、社交、娱乐、学习、公共服务等各类业务组合的庞大数字生态综合体系。⑥ 平台企业搭建的服务资源匹配平台可以高效地整合跨

---

① 程贵孙、陈宏民、孙武军：《双边市场视角下的平台企业行为研究》，《经济理论与经济管理》2006年第9期。

② 肖红军、李平：《平台型企业社会责任的生态化治理》，《管理世界》2019年第4期。

③ 陈红玲、张祥建、刘潇：《平台经济前沿研究综述与未来展望》，《云南财经大学学报》2019年第5期。

④ 刘家明、耿长娟：《从分散监管到协同共治：平台经济规范健康发展的出路》，《商业研究》2020年第8期。

⑤ 李凯、樊明太：《我国平台经济反垄断监管的新问题、新特征与路径选择》，《改革》2021年第3期。

⑥ 杨东：《互联网金融的法律规制——基于信息工具的视角》，《中国社会科学》2015年第4期。

区域、跨领域、跨行业的海量产品和服务资源，在突破时空界限下实现产品交换与资源配置。在网络效应、双边市场效应、边际收益递减等影响下，平台集聚的数据资源优势显著，细分业务领域的市场格局往往趋于集中，大型企业占据寡占地位[1]，从而垄断用户流量，收集海量数据，形成数据、用户、算法的垄断。在发展较为成熟的互联网业务领域中，排在前两位的大型平台企业几乎占据了90%的市场份额，垄断行为较为明显。

平台经济的上述特征对市场秩序、经济效率、创新、金融与数据安全产生正面或负面影响。在平台双边市场性和网络外部性作用下，随着平台上应用的增加，用户福利也随之增加，平台的功能发挥和收益回报得到较大提升，成本投入也随着双边接入者的增加逐渐被稀释；先进入细分市场的企业借助网络外部性获得"先动优势"，很快赢得竞争，但也容易导致垄断、负外部性等市场失灵问题。[2] 平台垄断会破坏市场竞争秩序，导致平台所连接的整体社会福利受到损失[3]，也会挤压中小企业成长空间[4]。平台经济发展中，数据资源垄断、流量垄断、算法垄断以及平台的网络效应等优势，导致先入市场者逐渐建立市场壁垒，对后入者形成进入障碍，使小型创新型企业缺乏明显的竞争优势，严重损害市场竞争和阻碍创新。[5] 平台经济模式为已有的闲置碎片化资源搭建起了跨越时空的资源匹配平台，不仅使得服务双方能更好地了解需求，提供服务资源，也可直接搭建双方沟通的平台，使消费者剩余增加。平台借助自身的聚集性与生态性[6]，利用算法、区块链、云计算等技术力量，收集、加工、整合用户数据甚至独享数据价值[7]，不仅侵犯了用户隐私安全及权益，同时，数据跨境传输导致的国家数据安全风险问题也不容忽视。以金融行业应用场景为例，金融平台形成了新型的产品种类，推出了多种金融服务，在金融普

---

[1] http://www.caict.ac.cn/kxyj/qwfb/bps/201804/P020171213443451507670.pdf.
[2] 戚聿东、李颖：《新经济与规制改革》，《中国工业经济》2018年第3期。
[3] 肖红军、阳镇、姜倍宁：《平台型企业发展："十三五"回顾与"十四五"展望》，《中共中央党校（国家行政学院）学报》2020年第6期。
[4] 王俊豪、周晟佳：《中国数字产业发展的现状、特征及其溢出效应》，《数量经济技术经济研究》2021年第3期。
[5] 唐要家：《数字平台的经济属性与监管政策体系研究》，《经济纵横》2021年第4期。
[6] 陈兵：《数字经济下相关市场界定面临的挑战及方法改进》，《中国流通经济》2021年第2期。
[7] 杨东、臧俊恒：《数字平台的反垄断规制》，《武汉大学学报（哲学社会科学版）》2021年第2期。

惠性及服务效率得到优化的同时,也使得金融安全风险隐患愈发严重。[1]

平台经济的上述特征给传统治理带来了制度、组织和技术三个层面上的严峻挑战。数字经济背景下产生的平台企业频繁合并、电商平台"二选一"、大数据杀熟、封杀竞争对手产品等问题,使得平台经济垄断与竞争治理变得更复杂和隐蔽,传统的法律法规、治理方法及手段难以适应。[2] 当前互联网平台治理所面临的问题已经不是某个点或某方面上的局部失灵,而是整体治理范式的失灵,导致当前平台治理体系低效。[3] 由于互联网平台及新兴数字技术更新效率较高,且成本较低,给平台经济垄断行为的识别与规制均带来了较大的挑战,如何实时优化及更新反垄断法核心内容及行为识别,成为重难点问题。[4] 例如,作为平台经济中的核心要素,数据资源凝聚成的海量数据信息是否应被界定为反垄断法中的"必需设施",人工智能算法引发的算法共谋应选取何种合理且有效的垄断协议制度进行治理,对平台以整合数据为借口而呈现出的"扼杀式"并购应当如何识别并实施监控。由于平台经济中系列行为的产生时效性较高,且形式新颖,已有的反垄断规则很难实时更新并予以明确。[5] 平台企业掌握了大量的交易数据和用户数据,成为信息优势方,在这种情况下,由于技术和数据的不对称,政府、社会等主体在没有平台企业配合的情况下,难以实现有效治理。[6] 平台的分散治理容易造成主体间的冲突和责任推卸,平台经济的风险治理与规范发展需要多元利益主体参与。平台经济的复杂性与风险性也需要基于数字技术的工具创新与大数据治理。[7] 数字技术奠定了协同治理、精准治理和智能治理的信息基础。[8]

现有国内外文献对平台经济内涵以及平台经济的双边市场性、网络外部性等特征进行了研究,上述特征使得平台经济在提高资源配置效率、降低企业成

---

[1] 周文、韩文龙:《平台经济发展再审视:垄断与数字税新挑战》,《中国社会科学》2021年第3期。

[2] 熊鸿儒:《我国数字经济发展中的平台垄断及其治理策略》,《改革》2019年第7期。

[3] 梁正、余振、宋琦:《人工智能应用背景下的平台治理:核心议题、转型挑战与体系构建》,《经济社会体制比较》2020年第3期。

[4] 王先林、曹汇:《平台经济领域反垄断的三个关键问题》,《探索与争鸣》2021年第9期。

[5] 孙晋、万召宗:《滥用市场支配地位侵犯隐私行为的反垄断法规制》,《财经法学》2021年第5期。

[6] 杜庆昊:《数字经济协同治理机制探究》,《理论探索》2019年第5期。

[7] 刘家明、耿长娟:《从分散监管到协同共治:平台经济规范健康发展的出路》,《商业研究》2020年第8期。

[8] 刘建义:《大数据驱动政府监管方式创新的向度》,《行政论坛》2019年第5期。

本的同时，也带来了市场失灵、金融风险、数据安全等问题，传统治理方式已无法适应平台经济治理的需要，需从治理制度、治理组织和治理技术三个层面进行创新。

公共治理理论发展进入新公共管理理论时期，主要包括整体性治理理论、数字治理理论和网络化治理理论。① 整体性治理理论由英国学者 Perri 等提出：整体性治理的核心理念是以政府机构组织间的互动合作为基础，以行为整合与协调为方式，以统一合理的政策目标为导向，借助系列政策执行手段，最终实现整体合作、统一目标的治理方案。② 数字治理理论是治理理论与互联网数字技术结合催生的公共管理理论，由英国学者 Patrick Dun-leavy 提出，明确数字技术和信息系统在行政管理创新中的核心地位，形成了公共部门扁平化管理运作体系，从而实现权力运行的共建共治共享，最终达到还权于社会、还权于民的善治过程。为应对网络时代和信息技术革命，网络化治理理论应运而生，在整合吸收数字治理理论并进一步深化的基础上，形成以跨界交叉服务为行为范式的政府治理模式。③ 网络化治理理论是对新公共管理理论的批判性继承，整体性治理理论是对新公共管理理论的质疑与超越，而数字治理理论则是在以上理论的基础上，面向数字时代对整体性治理理论提出的新要求，它从技术层面解释了数字时代对于整体性治理理论的实践要求，是整体性治理理论在工具理性层面的落地实施。④

二、平台经济治理理论的研究进展

平台经济治理理论的研究可以追溯到对治理理论这一核心的研究。俞可平在《全球治理引论》一文中引入"governance"一词，并将其正式界定为"治理"这一概念，进一步形成了"good governance"即"善治"这一观点。基于对治理、善治以及全球治理等系列概念的梳理，俞可平将"治理"这一概念界定为，在一定的价值理念与目标指引下，通过政府主导、社会组织自治、政社合作管制以及公众参与等途径对社会事务和公共事务进行协同管理的活动及过

---

① 韩兆柱、马文娟：《数字治理理论研究综述》，《甘肃行政学院学报》2016 年第 1 期。
② Perri D. Leat, Seltzer K., Stoker G., Towards holistic governance: the new reform agenda, Palgrave, 2002.
③ 曾维和：《当代西方政府治理的理论化谱系——整体政府改革时代政府治理模式创新解析及启示》，《湖北经济学院学报》2010 年第 1 期。
④ 韩兆柱、马文娟：《数字治理理论研究综述》，《甘肃行政学院学报》2016 年第 1 期。

程。① 治理理论为明确平台治理的主客体及治理主体的治理范围等提供了基础理论指导。

国内外学界主要从当前平台经济治理的困境着手，研究平台经济的治理路径。一种观点认为，平台企业具有"企业"与"市场"两种属性，两者之间的利益冲突是治理的困境所在。随着平台经济快速发展和新型业态的不断出现，社会治理呈现出从"官僚制"的条块式治理结构逐渐向"多元合作式"的治理结构转变，以往专注于线下治理的"物理空间"也开始向"线上线下结合"的治理结构转变。这种转变使得已有的治理范式无法适用于平台经济治理特征从而导致治理失效；市场逐利本质产生平台治理失灵，公民"有限理性"与平台经济治理主体性缺失导致社会治理参与不足，以上问题共同引发了平台经济治理失效的困境。② 平台经济治理过程中，不仅需要面对多元主体在资源共享、收益分配、风险预警等过程中的挑战，而且需要考虑已有治理方式与现实问题的不适应性，以及平台复杂性导致的主体多元、边界界定不清，造成治理的复杂性。

鉴于平台治理的复杂性，有学者认为，针对这个全球性、跨领域、多层级的治理过程，需要对平台的结构、算法、规则、权责、垄断、异化等进行并行治理，构建平台多主体协同的复杂适应性治理机制，优化平台的技术结构与数据安全监管机制，构建防止平台异化对公权力侵蚀的监管机制，在平台盈利性与社会性之间、专属性与公共性之间、创新性与生态性之间寻找适应性平衡。

此外，很多学者提出要以多方主体共同治理来解决此难题。Scott 较早提出，平台治理应积极调动政府、行业组织等主体的积极性与优势。也有学者认为，平台治理不仅需要政府、行业组织发挥优势，也需要调动企业、独立部门、社会大众、媒体等多主体参与。李广乾和陶涛从数字平台企业与国家、市场、社会的关系入手，从内部治理、外部治理、共同治理三个亚场域出发，构建了数字平台治理场域的分析框架，通过完善国家对平台的治理形成外部结构性压力，促进企业善治，形成可持续的共同治理模式。③ 除此之外，还形成了

---

① 俞可平：《全球治理引论》，《马克思主义与现实》，2002 年第 1 期。
② 王俐、周向红：《结构主义视阈下的互联网平台经济治理困境研究——以网约车为例》，《江苏社会科学》，2019 年第 4 期。
③ 李广乾、陶涛：《电子商务平台生态化与平台治理政策》，《管理世界》2018 年第 6 期。

如"平台、政府"双主体治理模式①、平台生态化治理②"合作式"与"镜像"结合治理③等。

在治理理论方面,面向平台经济治理,学者们提出了协同治理、敏捷治理、复杂性治理、威慑式治理、精准治理、数字治理等理论。爱莫森等人于2011年设计了协同治理的统一模型。而政企协同治理随着平台协助政府合力规范平台经济发展的观点成为学界共识,二者在治理过程中的协同关系问题逐渐受到学者关注。陈少威和范梓腾、郭海和李永慧指出,共同参与、合作治理是平台治理模式的主要发展方向。④⑤ 王勇和陈美瑛⑥则从事前、事中、事后不同阶段出发,讨论了政府与平台在治理过程中的分工协作问题。同时,在政府与平台协同治理理论不断丰富和发展的过程中,"政府-平台"双元管理⑦、"合作式"与"镜像"治理结合⑧、多层级生态化治理⑨等多样化的政企协同治理模式被学者相继提出,并用于指导业界实践。在政企协同治理的基础上,相关学者提出了在我国语境下的数字经济协同治理机制,即在政府、企业、行业组织、公众等多元主体的参与合作下,为推动数字经济健康有序发展,各要素之间所形成的互为关联、互为因果的联结方式和协同合作的运行方式,表现为对数字经济的共同的、动态的推动过程。⑩ 世界经济论坛在2018年提出了敏捷治理的概念。敏捷治理聚焦于实现治理核心目标的有机平衡,辅助(不阻碍)技术创新、防控产业风险(避免负外部性)、促进公众利益最大化,是一套具有弹性、

---

① 汪旭晖、张其林:《平台型网络市场"平台—政府"双元管理范式研究——基于阿里巴巴集团的案例分析》,《中国工业经济》2015年第3期。

② 肖红军、李平:《平台型企业社会责任的生态化治理》,《管理世界》2019年第4期。

③ 王俐、周向红:《结构主义视阈下的互联网平台经济治理困境研究——以网约车为例》,《江苏社会科学》2019年第4期。

④ 陈少威、范梓腾:《数字平台监管研究:理论基础、发展演变与政策创新》,《中国行政管理》2019年第6期。

⑤ 郭海、李永慧:《数字经济背景下政府与平台的合作监管模式研究》,《中国行政管理》2019年第10期。

⑥ 王勇、陈美瑛:《平台经济治理中的私人监管和规制》,《经济社会体制比较》2020年第4期。

⑦ 汪旭晖、张其林:《平台型网络市场"平台—政府"双元管理范式研究——基于阿里巴巴集团的案例分析》,《中国工业经济》2015年第3期。

⑧ 王俐、周向红:《结构主义视阈下的互联网平台经济治理困境研究——以网约车为例》,《江苏社会科学》2019年第4期。

⑨ 魏小雨:《互联网平台信息管理主体责任的生态化治理模式》,《电子政务》2021年第10期。

⑩ 杜庆昊:《数字经济协同治理机制探究》,《理论探索》2019年第5期。

可协调的治理框架。① 有别于上述治理方式以市场效率为重点，重视事后、事中治理的思路，威慑式治理更重视事前约束，将"外松内严"的治理模式和威慑思想应用在治理中，旨在通过建立相应的约束机制，达到既可以充分发挥平台市场提高匹配效率的作用，又可以有效制约平台企业的负外部性行为的目的。②

在大数据时代，通过运用统计、数据挖掘、机器学习等技术对覆盖面更广甚至是全样本的数据进行挖掘和分析，从中预测社会需求、预判社会问题，大大提高了治理的精准化。③ 数字社会形态下的治理挑战以及相应的治理模式更替变迁，要以信息化促进治理的精准性、动态化与协同性，加强对数字治理的深度理论研究，探寻数字治理规律。

魏礼群指出，数字治理就是通过数字化、智能化手段赋能，使得社会治理更加高效、更加科学、更加精准，数字治理理论需与整体性治理、协同治理、网络化治理理论相融合，服务于经济社会高质量发展。④ 孟天广认为，数字治理的核心特征是全社会的数据互通、数字化的全面协同与跨部门的流程再造。⑤ "数据"作为数字治理框架中的基石和重要因素，是平台信息流通的核心内容。⑥ 通过对平台基础要素数据的治理，可为平台经济健康发展提供基础支撑，也是数字经济背景下新型治理范式⑦。从数字技术治理的视角，借助新兴数字技术优化原有的治理"技术系统"，推动平台经济的数字化转型升级，提升平台经济数字化治理水平。基于平台经济中的数字衍生物治理维度，围绕与"人"有关的生产活动组建"社会系统"，分析"技术、社会、经济"交叉融合视角下，数字技术与社会经济系统带来的文化和价值观冲击等问题。可见，数字治理的内涵需要进一步融合拓展，数字治理理论的核心就是通过数据要素和数字技术双重赋能，实现网络化、智能化、整体性协同治理和精准治理。

---

① 薛澜、赵静：《走向敏捷治理：新兴产业发展与监管模式探究》，《中国行政管理》2019年第8期。

② 荆文君、刘航、鞠岩：《互联网平台经济监管中的"威慑式治理"——引入逻辑、实现机理与保障措施》，《经济管理》2022年第2期。

③ 马平川：《大数据时代的经济法理念变革与规制创新》，《法学杂志》2018年第7期。

④ 魏礼群、顾朝曦、倪光南、汪玉凯、李韬：《数字治理：人类社会面临的新课题》，《社会政策研究》2021年第2期。

⑤ 孟天广：《数字治理全方位赋能数字化转型》，《政策瞭望》2021年第3期。

⑥ 蒋国银：《平台经济数字治理：框架、要素与路径》，《人民论坛·学术前沿》2021年第Z1期。

⑦ 蒋国银、陈玉凤、匡亚林：《共享经济平台数据治理：框架构建、核心要素及优化策略》，《情报杂志》2021年第8期。

面向平台经济治理，相关研究提出了包括精准治理、协同治理、整体治理的解决思路，并最终集中于数字治理作为核心概念的理论构建，但数字治理理论如何应用于平台经济尚待深入探究，平台经济数字治理的理论逻辑和体系亟待构建。

三、平台经济制度体系及治理政策研究进展

1. 平台经济制度体系研究进展

平台经济的飞速发展改变了已有市场中多元主体间惯有的平衡，新业态、新模式层出不穷，也助力平台市场深刻变革，传统市场中相关的法律法规及政策呈现出严重的滞后或者是支持性制度效力薄弱或缺乏的现象，即"促进市场功能和有效运作的一系列制度存在空缺"，学者们将其界定为制度空隙。平台经济快速发展的同时，也引发了市场垄断、消费者权益保护和数据安全等复杂性、多变性的治理难题，而制度空隙则表现为对这些新问题规制的滞后或空缺，使得促进平台经济健康发展的重要手段存在欠缺。

国内外学界一方面从政府对平台经济治理规制层面进行探讨，讨论了以政府为代表的行政主体在平台新型劳动社会保障[1][2]、消费者权益保障、平台反垄断[3][4]和数据治理等问题上的责任边界及内容[5]。沈伯平、张奕涵在平台企业与制度空隙的关系的逻辑结构基础上，进一步剖析了制度空隙这一现象对平台经济健康发展及数字经济市场环境带来的影响，并基于此提出了通过政府规制与平台企业自治相互构建所形成的平台经济规制与监管体系实施优化路径。[6]

---

[1] 谢增毅：《互联网平台用工劳动关系认定》，《中外法学》2018年第6期。
[2] 李坤刚：《"互联网＋"背景下灵活就业者的工伤保险问题研究》，《法学评论》2019年第3期。
[3] 谢富胜、吴越：《平台竞争、三重垄断与金融融合》，《经济学动态》2021年第10期。
[4] 李勇坚、夏杰长：《数字经济背景下超级平台双轮垄断的潜在风险与防范策略》，《改革》2020年第8期。
[5] 王勇、刘航、冯骅：《平台市场的公共监管、私人监管与协同监管：一个对比研究》，《经济研究》2020年第3期。
[6] 沈伯平、张奕涵：《平台企业：制度空隙、规制与监管》，《上海经济研究》2022年第4期。

但在平台经济治理实践过程中,不仅是政府治理相关制度手段的出台或执行滞后于平台经济的发展速度,从而带来治理滞后,也会由于政府在处理传统市场中市场失灵的相关措施已不适应平台经济,从而引发对平台市场的过度干预与抑制。[①] 相关学者进一步优化了平台经济的规制模式及路径,如通过私人监管这一方式来构建平台企业规制体系[②],采用市场监管这一方式明确治理制度的方向及内容,从而优化平台经济行政规制路径[③];进一步明确界定政府对平台经济的合理干预边界范围[④],从数据安全治理、权责边界确立、竞争规则设置等维度共同构建适用于平台经济治理的相关法律法规框架,构建"事前市场准入控制、事中数据实时管控、事后行政执法保障"贯穿全生命周期的监管机制,实现政府干预与平台自治共同促进平台经济健康规范发展的目的等。

国内外学界关于平台经济治理政策的研究主要集中在以下方面。一是平台经济治理政策变迁的研究[⑤],主要梳理了平台经济用工治理的发展历程和治理逻辑。选取了从 2015 年平台经济用工治理政策制定开始,历经政策探索期(2015—2018 年),以鼓励创新为主,促进平台用工模式创新;在发展中规范的治理时期(2019—2020 年),以践行包容审慎监管为主;强调保护新业态劳动者权益和在规范中发展的治理时期(2021 年至今),进入全面规范阶段。二是平台经济治理政策执行的研究,从政策文件内容和政策执行机构明确了平台经济反垄断政策执行中存在的问题,包括政策文件内容的细化程度尚浅、可操作性较差、文件覆盖面较小、执行机构分工不清、监管不足、人员水平有限等问题。[⑥] 三是对平台经济治理政策的评价研究,一种是从质性研究的视角,探讨平台经济监管政策实践中呈现的全链条化、法治化和多主体协同、多技术手段支撑等发展趋势,明确了以信用为基础的间接监管对策;另一种是从定量研究的视角,构建"政策问题-政策工具-政策对象"分析框架,明确了我国平台经

---

① 蒋慧、刘晨希:《失位与归正:平台经济中政府干预的边界厘定与制度建构》,《广西社会科学》2022 年第 3 期。

② 王勇、陈美瑛:《平台经济治理中的私人监管和规制》,《经济社会体制比较》2020 年第 4 期。

③ 黄卫东:《网络平台的行政规制:基于行政合规治理路径的分析》,《电子政务》2022 年第 11 期。

④ 蒋慧、刘晨希:《失位与归正:平台经济中政府干预的边界厘定与制度建构》,《广西社会科学》2022 年第 3 期。

⑤ 雷晓天、柴静:《从"发展中规范"到"规范中发展":互联网平台用工治理的演进过程与机制》,《中国人力资源开发》2022 年第 5 期。

⑥ 龚密:《史密斯模型视角下互联网平台经济反垄断政策执行研究》,《湖北工程学院学报》2021 年第 5 期。

济治理政策的工具类型,提出应注意加强政策工具协同、整体规划等建议。①既有研究正逐步尝试从政策工具视角对平台经济治理政策进行量化研究,但仍很少有研究系统梳理中央和地方平台经济治理政策文本内在特征,比较同级或上下级政府制定的平台经济发展的政策目标、政策工具的差异;也缺少从多维指标角度评价政策文本内容及优化路径的研究。而对此类问题的分析有助于提高平台经济治理政策的前瞻性、系统性和科学性,更好地发挥政策工具的调节效应,协同政策治理,健全政策体系。

2. 平台经济治理制度实践

从业界和政策实践层面来看,世界各国和地区高度重视平台经济健康发展,就平台经济的垄断、金融风险和数据安全问题制定了相关治理政策与法案。几个主要国家和地区平台经济治理政策如表1-2所示。在反垄断方面,欧盟《数字市场法案》和美国《终止平台垄断法案》规定了"守门人"制度,对大型平台企业可能实施的不公平竞争行为进行严格限制。在竞争领域,欧美提出针对平台企业的创新性竞争政策,如2017年德国针对大型平台企业的垄断行为修订了《反对限制竞争法》,欧盟、美国、中国等都在完善反垄断法律并强化对平台的反垄断执法。在防范金融风险方面,2015年起我国开始加强对互联网金融的治理,并根据互联网金融业态模式的不同,专门制定了具有业务模式特征针对性的治理政策。在保护数据安全方面,各国也在进一步强化,如欧盟的《通用数据保护条例》对平台企业收集和使用用户数据提出严格要求。目前,许多国家以《通用数据保护条例》为蓝本,制定数据保护规则。在算法领域,欧盟《人工智能法案》针对人工智能系统的算法透明度加强治理,美国《算法正义和在线平台透明度法案》重点加强对平台企业算法使用的监管。

表1-2 几个主要国家和地区平台经济治理政策

国家或地区	发布时间	文件名称	主要内容
中国	2015年7月	《关于促进互联网金融健康发展的指导意见》	治理对象:互联网金融。 主要亮点:① 明确界定互联网金融;② 鼓励创新,支持互联网金融稳步发展;③ 分类指导,明确互联网金融监管责任;④ 健全制度,规范互联网金融市场秩序

---

① 堵琴囡:《政策工具运用和平台经济健康发展:基于我国平台经济治理政策的文本分析》,《浙江理工大学学报(社会科学版)》2022年第6期。

续表

国家或地区	发布时间	文件名称	主要内容
中国	2021年2月	《关于平台经济领域的反垄断指南》	治理对象：平台经济领域垄断行为。 主要亮点：① 数字技术、数据、流量、算法、平台规则等成为平台内各企业主体实现横向或纵向垄断的常用主要手段；② 罗列并梳理了可被认定或推定为平台内企业主体占据市场支配地位的关键及考察因素；③ 对平台经济领域经营者集中的特殊性进行了深入阐述；④ 细化了平台经济领域涉及限定交易、妨碍商品自由流通、招标采购限制、投资或者设立分支机构限制、强制经营者从事垄断等行为
	2021年3月	《网络交易监督管理办法》	治理对象：网络交易活动。 主要亮点：① 针对网络经营主体登记问题，对《中华人民共和国电子商务法》规定的"零星小额"和"便民劳务"两类免于登记情形进行了具体界定；② 针对"社交电商""直播带货"等新型电子商务模式，明确了平台服务提供者的基础，指明了所涉及的多方角色的权责清单；③ 从电商平台经营从业者角度指明了经营从业者应承担的责任，制定经营从业者行为规范规则及从内部监管入手实施治理；④ 以保护平台服务需求者个人信息安全为目标，针对平台所涉及的信息收集使用规则进行明确说明，防止用户数据泄露等问题，从而保护个人隐私安全；⑤ 对新型电商平台中呈现出的虚构交易、误导性展示评价、虚构流量数据、刷单等恶意虚假竞争行为实施监管，确保电商消费者权益

续表

国家或地区	发布时间	文件名称	主要内容
中国	2021年6月	《中华人民共和国数据安全法》	治理对象：数据安全。 主要亮点：① 基于总体国家安全观，将数据主权纳入国家主权范畴；② 明确数据安全监管职责；③ 建立、完善数据分类分级保护制度；④ 建立全局覆盖数据安全风险评估机制；⑤ 健全数据交易管理制度；⑥ 健全安全审查制度；⑦ 强化违法行为处罚力度；⑧ 坚持以数据开发利用和产业发展促进数据安全
	2021年8月	《禁止网络不正当竞争行为规定（公开征求意见稿）》	治理对象：网络不正当竞争行为。 主要亮点：① 明确了网络领域不正当竞争行为的内涵；② 针对利用技术手段引发的新型不正当竞争行为，重点进行规制；③ 对互联网场景下不正当竞争行为新的表现形式进行归纳列举；④ 针对网络不正当竞争行为的相关特性，明确执法主体，强化执法手段
	2021年8月	《中华人民共和国个人信息保护法》	治理对象：个人信息。 主要亮点：① 确认了广义的个人信息范围；② 提出了处理个人信息需要遵循的原则和要求；③ 制定了个人信息处理的规则；④ 明确了个人信息处理活动过程中的权利和义务；⑤ 规定了个人信息保护部门的职责；⑥ 规定个人信息处理者应定期对其个人信息处理活动遵守法律、行政法规的情况进行合规审计

续表

国家或地区	发布时间	文件名称	主要内容
中国	2022年1月	《关于推动平台经济规范健康持续发展的若干意见》	治理对象：平台企业。 主要亮点：① 在完善规则制度方面，重点围绕反垄断、不正当竞争、平台价格行为等社会关切问题，出台意见或管理办法，建立健全合规管理、信息公示、公平竞争监管、协同治理等制度规范；② 在明确监管重点方面，重点在反垄断和不正当竞争、个人信息保护和数据安全、金融等方面，改进、提升监管技术手段，补齐监管漏洞；③ 在提升监管能力方面，提出加强数字化监管支撑，加强和改进信用监管，充分发挥行业组织和平台企业等多方力量的作用
美国	1998年10月	《数字千年版权法案》	治理对象：网上作品著作权。 主要亮点：① 加强对著作权人利益的保护；② 对ISP著作权侵权责任做出限制
	2021年6月	《美国选择与创新在线法案》	治理对象：平台"自我优待"问题。 主要亮点：① 主导平台借助自身来为其自营业务创造优势，对自营业务竞争对手进行排挤、打压或者歧视的行为一般都会被视作是非法的；② 列举了大量"歧视"行为，如禁止竞争对手对主导平台进行访问或互操作，将自营产品放在比竞品更为显著的位置等
	2021年6月	《终止平台垄断法案》	治理对象：互联网平台垄断行为。 主要亮点：① 大型平台不得拥有可以利用平台与平台上其他服务商产生竞争的自营业务；② 当平台所拥有的业务线所有权或控制权导致不可调和的利益冲突时，平台运营商禁止拥有或控制该业务线

续表

国家或地区	发布时间	文件名称	主要内容
美国	2021年6月	《平台竞争和机会法案》	治理对象：平台并购行为。 主要亮点：① 规定大型在线平台不得收购竞争对手或潜在对手；② 把并购案的举证责任转移到占主导地位的平台上，由其自证收购实际上是合法的
美国	2021年6月	《通过启用服务交换增强兼容性和竞争性法案》	治理对象：数据可转移性和互操作性。 主要亮点：① 主导平台应该提供透明的、可供第三方使用的界面来保证用户可以安全地将其数据转移到其他平台上；② 主导平台需要提供透明的、可供第三方使用的界面来满足其竞争对手与其实现互操作的要求
欧盟	2018年5月	《通用数据保护条例》	保护对象：个人数据。 主要亮点：① 赋予了个体用户对于自身数据更多的自主权和选择权；② 针对用户数据的控制主体和处理主体制定了十分严格的限制性规则
欧盟	2020年12月	《数字市场法案》	治理对象：大型数字平台可能实施的不公平竞争行为。 主要亮点：将大型数字平台视为"守门人"，对"守门人"的界定标准、合规举措和违规惩戒机制进行了规定
欧盟	2020年12月	《数字服务法案》	治理对象：大型数字平台可能实施的不公平竞争行为。 主要亮点：① 规定科技公司不能利用其竞争对手的数据来与其竞争，也不能在自己的平台上优先展示本公司的产品；② 明确界定了科技公司的责任和义务；③ 设立投诉和补偿机制、治理平台滥用、允许用户标记网上非法内容等17项基本规则

续表

国家或地区	发布时间	文件名称	主要内容
欧盟	2021年4月	《人工智能法案》	治理对象：人工智能技术。 主要亮点：① 将人工智能应用场景分为"最低、有限、高、不可接受"四个风险等级，等级越高，受到的限制越严格；② 对人工智能技术在诸如汽车自动驾驶、银行贷款、社会信用评分等一系列日常活动中的应用设定了限制；③ 对欧盟内部的执法系统和司法系统使用人工智能的情形提出了相应的规制路径
德国	2017年3月	《反对限制竞争法》第九修正案	治理对象：多边市场和网络中的竞争问题。 主要亮点：引入新的反垄断申报标准
德国	2021年1月	《反对限制竞争法》第十修正案	治理对象：平台经济垄断问题。 主要亮点：① 引入"中介势力"概念；② 高度重视数据问题；③ 强化对平台规则的监管；④ 拓展相对市场势力范畴；⑤ 改革并购审查制度；⑥ 扩大事前监管权力

世界各国和地区高度重视平台经济治理问题，颁布了反垄断及保护数据安全和金融安全等方面的法规政策，为平台经济治理提供了原则性指引，但在可实施的具体治理细则和方法上存在较大的模糊空间。

四、平台经济研究评述及亟待研究的问题

综合现有关于平台经济内涵与特征、治理困境、数字治理理论与技术及其在平台经济中的应用、治理经验的研究可知，平台经济发展正面临"规模与垄断""创新与风险"的两难境地，如何通过平台经济治理，在防范风险和保障安全的前提下，促进创新以提升平台经济效率，实现平台经济高质量发展，是亟待解决的问题。但是传统反应型治理已落后于平台经济高质量发展的需要，数据要素和数字技术双重赋能的平台经济预防型治理和前瞻型治理紧迫而重要，平台经济数字治理理论和治理体系的创新正在成为研究热点。

现有研究成果为平台经济数字治理创新研究提供了重要启示与借鉴,围绕平台经济"安全、效率、公平"三位一体均衡发展目标,从构建平台经济现代化治理体系视角分析,以下问题有待进一步深入思考和探讨。

(1)平台经济传统治理的困境及破解思路是什么?如何构建平台经济数字治理的理论逻辑?

(2)平台经济发展具有行业异质性和复杂场景特征,如何构建平台经济分类分级的精准治理模式,实现平台经济主动化、个性化和预防型治理?

(3)如何设计平台经济多元主体共治协同机制,实现"跨层级、跨地域、跨系统、跨部门、跨业务"的"五跨"协同治理?

(4)如何对"技术、业务、数据"进行融合,实现可信数据驱动的平台经济实时、主动、穿透式、前瞻型智能治理?

(5)如何基于平台经济数字治理效能优化平台经济数字治理政策及其实施路径?

围绕以上问题,本书遵循"现实背景—理论逻辑—治理体系—政策优化"的研究思路,从平台经济高质量发展的现实需求出发,以"三融五跨"(技术融合、业务融合、数据融合,跨层级、跨地域、跨系统、跨部门、跨业务)协同为逻辑起点,梳理平台经济数字治理的理论逻辑;构建多元主体共治的全域协同机制、可信数据驱动的全程智能治理系统、基于政策工具评价的全景制度优化路径,形成"全息精准适配—全域多元协同—全程智能决策"的数字治理体系;对数字治理体系的效能进行测度,对治理政策进行动态优化。

第三节 研究意义及主要创新

习近平总书记在中共中央政治局第三十六次集体学习时强调指出,随着互联网特别是移动互联网发展,社会治理模式正在从单向管理转向双向互动,从线下转向线上线下融合,从单纯的政府监管向更加注重社会协同治理转变。以数据集中和共享为途径,建设全国一体化的国家大数据中心,推进技术融合、业务融合、数据融合,打通信息壁垒,形成覆盖全国、统筹利用、统一接入的数据共享大平台,构建全国信息资源共享体系,实现跨层级、跨地域、跨系统、跨部门、跨业务的协同管理和服务。习近平总书记的讲话为平台经济治理现代化指明了根本方向。

一、研究意义

本书面向平台经济健康发展的需要,研究平台经济数字治理的理论逻辑构建、治理体系创新、治理政策优化等问题,具有以下几个方面的重要理论及实践价值。

(1)通过分析现代信息社会背景下平台经济的发展现状,总结平台经济市场失灵的表现和治理困境,提出平台经济治理困境的破解思路,研究平台经济数字治理的范式和理论逻辑,为平台经济数字治理体系的构建提供理论依据。

(2)构建"全息精准适配—全域多元协同—全程智能决策"的数字治理体系,从模式、机制、方法上,为构建平台经济现代化治理体系,实现平台经济的组织治理、技术治理、制度治理提供理论参考与实践指导。

(3)扎根我国平台经济发展情境,对比分析国内外现行平台经济治理政策,剖析治理政策对治理效能的作用机理,基于治理效能反馈动态优化平台经济数字治理政策,并设计政策实施路径,为促进平台经济健康发展提供制度上的保障与参考。

二、主要创新

本书从学术视角,面向平台经济治理体系和治理能力现代化的要求,借鉴现代治理理论和规制经济理论,充分发挥数据要素和数字技术的双重赋能作用,以"三融五跨"协同为出发点,对平台经济数字治理的理论逻辑和体系进行创新。

第一,平台经济数字治理理论逻辑的构建,是现代治理理论在平台经济领域的新发展和新突破。

数字治理理论是继整体性治理、网络化治理和协同治理理论之后,新公共管理理论的重要发展方向,其研究主要聚焦于数字政府和数字社会领域。在信息社会背景下,数字技术已深度渗透至社会、经济和国家治理的各个领域,基于现代信息技术的数字治理模式已然成为国家治理体系与治理能力现代化的基本特征。在社会治理领域,相关研究提出了包括实验型治理、开放型治理、创新型治理、适应性治理、敏捷治理、协同治理、精准治理、整体性治理等在内的解决思路,并最终集中于以数字治理为核心概念的理论构建与改革路径。数字经济治理理论研究已落后于数字经济高质量发展的需要。数字经济治理的相关研究主要聚焦于治理理论梳理、治理难题剖析和治理路径构建，从不同视角分别提出数字经济协同治理、精准治理、动态治理的基本要义，回答了"是什么"和"为什么"层面的问题，但缺乏从整体范式和具体实现上对数字经济的治理理论进行系统与高度凝练。

平台经济数字治理理论逻辑的构建，是数字治理理论在平台经济领域的新发展和新突破。平台经济的时空无界性、网络外部性、数据禀赋性、开放生态性、垄断寡占性等特征，对传统治理提出了严峻挑战，平台经济的治理实践急需新的治理理论的指导。数字治理的核心思想，既高度契合平台经济的基本特征，又体现了整体性治理、网络化治理、协同治理、精准治理和敏捷治理的基本内涵，使得数字治理成为平台经济治理的最佳范式。因此，基于数字治理理论在数字政府和数字社会领域的最新研究进展，结合平台经济的基本特征与演进规律，对平台经济数字治理的理论逻辑进行创新，既是平台经济治理体系和治理能力现代化的必然要求，又是数字治理理论在平台经济领域的重要延伸。本书基于现代治理的理论成果，树立创新、公平、共享、有效的治理理念，围绕平台经济"安全、效率、公平"三位一体均衡发展目标，"技术、业务、数据"统一融合，"跨层级、跨地域、跨系统、跨部门、跨业务""五跨"齐进，抓住"组织、技术、制度"三个核心，构建平台经济"分类分级全息精准、多元共治全域协同、数据驱动全程智能"的敏捷适应性数字治理的理论逻辑，进一步丰富和发展数字治理理论，为平台经济现代化治理体系的构建提供理论依据。

第二，平台经济"三全"数字治理体系（全息精准适配—全域多元协同—全程智能决策）的构建，是对数字治理体系原则性框架的深度拓展，从模式、机制和方法的具体实现上，为我国平台经济现代化治理体系建设提供借鉴。

平台经济"三全"数字治理体系的构建，从模式、机制和方法上，为我国平台经济现代化治理体系建设提供理论参考和实践指导。本书以平台经济数字治理理论为指导，融合复杂系统理论和系统工程学的思想，统筹系统结构、要素、信息、行为、功能、反馈进行综合分析，充分发挥数据要素和数字技术双重赋能作用，以促创新、反垄断、防风险为目标，以制度与机制设计、规则执行和效果反馈为基础，以"三性"（系统性、整体性、协同性）、"三化"（精准化、智能化、数字化）原则为指引，以组织、技术、制度为核心，构建"三全"数字治理体系，实现平台经济的精准治理、协同治理和智能治理。一是平台经济分类分级的全息精准治理模式，从制度层面，通过与平台行业分类和平台发展阶段相适应的分类分级治理规则的制定、治理规则与平台行业全息画像的精准适配，形成平台经济"事前精准预防、事中精准控制、事后精准补救"

的三级联控治理模式，实现平台经济主动化、个性化和预防型精准治理。二是平台经济多元共治的协同治理逻辑，从组织层面，通过平台经济多元共治的"目标协同—组织合作—数据共享"协同机制的设计，形成以国家治理为核心，平台治理、行业自律和社会监管广泛参与的多元主体网络化协同组织结构，实现平台经济多元主体"跨层级、跨地域、跨系统、跨部门、跨业务"全域协同共治。三是平台经济数据驱动的全程智能治理体系，从技术层面，通过互联网、大数据、人工智能、区块链等技术与业务的融合，形成"数据可信采集、态势智能感知、风险智能预警、决策智能支持"的平台经济治理系统架构和运作逻辑，实现平台经济穿透式和前瞻型智能治理。

第三，基于治理效能反馈动态优化的平台经济数字治理政策及其实施路径，为平台经济高质量发展提供治理政策及其落地实施上的保障与参考。

从系统论视角来看，治理政策作为经济社会系统的外生变量，通过影响系统主体要素的结构与行为，使得系统呈现相应的功能，基于系统实际输出反馈调整政策变量，实现系统功能的优化。治理政策优化通常采用的方法包括政策文本分析或文献计量分析、系统动力学仿真、政策试验等。其中政策试验有可能出现试错成本较高的情形，因此只有在系统完全"黑箱"的情况下才采用。政策文本分析或文献计量分析方法通过政策文本的分类或聚类、编码分析，政策文本与政策目标的二维交叉分析，发现政策优化的方向。可见，治理政策文本量化分析为平台经济治理政策及实施路径优化提供了科学分析方法与工具。

与平台经济发展动态性相适应，基于治理效能反馈动态优化的平台经济数字治理政策及其实施路径，将为我国平台经济数字治理政策制定与落地实施提供科学指导。本书在分析平台经济高质量发展内涵的基础上，运用基于政策工具评价的 PMC 框架分析平台经济治理的政策内容、政策工具使用、政策时效等，系统梳理了我国从中央到地方的平台经济治理政策发展，为政策制定者调整未来政策方向、提高平台经济治理的整体效能提供理论参考。

本 章 小 结

平台经济以互联网、大数据、人工智能等信息技术为支撑，以创新为驱动，以连接创造价值为理念，以开放的生态系统为载体，以信任创造为核心，对优化市场资源配置、促进跨界融通发展、推动产业转型升级起到重要作用，为我国经济高质量发展注入新动能。本章在分析平台经济内涵及特征的基础上,介绍了平台经济发展现状及演进趋势;在阐述学界关于平台经济内涵、特征、治理问题研究现状的同时,从实践层面分析了平台经济的治理政策,为全书的平台经济治理体系构建形成了清晰的基础支撑。

第二章

平台经济的治理困境及成因剖析

平台经济双边市场、网络外部性等特征突出，容易造成垄断、负外部性等市场失灵现象和传统治理的失效。因此，需要厘清平台经济高质量发展的现实问题及治理需求，构建促进平台经济高质量发展的数字治理范式。本章通过深入分析国内外平台经济的发展现状，揭示平台经济双边市场和网络外部性特征，探究平台经济的演进规律及发展趋势；借助 NVivo 软件对原始文本数据进行逐级编码，研究平台经济高质量发展面临的主要问题，揭示平台经济市场失灵的经济学原因；从治理理论、方法、技术等多个层面，剖析传统治理在平台经济高质量发展中的困境及其根源，运用现代治理理论提出破解传统治理失效问题的思路；最后融合"三融五跨"思想及现代治理理论，充分发挥数据要素和数字技术在平台经济"精准治理—协同治理—智能治理"中的作用，提出平台经济数字治理的理论逻辑框架及其理论依据。在通过数字治理促进平台经济高质量发展的同时，促进治理理论、理念和方法的创新、转型和升级。既为平台经济高质量发展提供更为客观科学的理论指导，又借助中国经济发展尤其是平台经济发展实践，丰富、发展和完善反垄断、政府规制等相关理论。

第一节　平台经济健康发展面临的主要问题

平台经济健康发展与否直接关系"安全、效率、公平"三维社会发展总体目标的顺利实现，也直接关系个人、企业、社会和国家等多元主体利益的一致、协调和平衡。当前平台经济健康发展中出现的不正当竞争行为（尤其是平台垄断问题)、数据安全、金融风险等突出问题,已危害到企业创新发展、个人隐私权保护、社会福利提高以及国家安全等诸多重要方面。因此,深入调查分析平台经济存在的主要问题及其成因,成为平台经济治理的重要前提和基础。笔者选择电商、出行、互联网金融和网上信息服务等不同行业领域平台作为研究样本,采用扎根理论,分析平台经济业态相比传统经济暴露出来的新问题以及平台经济发展中更复杂更隐蔽的深层次问题,如平台经济中的数据垄断问题、大数据杀熟问题、数据合规利用问题、数据算法问题等。

一、案例选择与文本分析

1. 案例选择

在本研究中,选取合适的平台经济相关案例企业十分关键,应选择具有典型代表的平台企业,以增强样本说服力、代表性和典型性,从而为最终获得合理的科学结论打下基础。鉴于学术界与互联网行业对于所选案例企业的关注程度、研究材料的可获取性及丰富程度等因素考虑,本研究首先收集关于平台经济问题分析的文献;其次查阅各媒体与平台经济问题相关的报道及视频资料,主要选择滴滴出行、美团、阿里巴巴等典型平台企业,收集滴滴出行大数据泄露、美团大数据杀熟、阿里巴巴"二选一"垄断,以及外卖骑手劳动纠纷的相关报道及视频资料进行分析。

本研究采用目的性抽样,选择平台经济市场中占据一定市场份额、受关注程度较高、问题或困境典型的平台企业作为研究对象。具体选择标准如下。① 从互联网行业中选取发展较为成熟、处于行业领先地位的平台企业。② 为提高平台企业数据资料收集效率,可选择具有较高信誉、管理公开化和透明化的平台企业。③ 考虑到平台经济发展新业态、新模式的多样性,选择具有代表性、典型性的平台企业作为样本。④ 为提升质性资料逐级编码结论的适用性和科学性,避免由于数据资料收集不全导致的结论片面或不合理,尽可能整合各个案例企业较为全面的、切合研究主题的原始数据资料。

2. 数据来源

本研究主要从企业、专家学者、网络媒体等主体收集关于平台企业治理困境的主要问题的数据资料,综合了不同视角下对平台企业治理困境的不同认知。主要数据来源如下:① 平台企业的官方网站,收集官方网站上关于平台企业治理困境的新闻报道;② 网络媒体渠道,主要选用来自人民网、凤凰网、网易新闻等网站的相关报道,以及贴吧、豆瓣、微博等社交媒体上关于平台企业的新闻事件、媒体评价、网络舆论；③ 文献资料，主要从报纸、期刊上选择学界或业界人士发表的平台企业治理困境相关论文及评论文章。

3. 文本分析

针对大量的文本数据资料，本研究采取质性资料逐级编码的方式对所收集的样本信息及资料进行文本分析，并得出合理的结论。具体步骤如下。第一步，对经上述各个渠道收集的原始资料进行认真阅读，对原始资料有一个总体的把控、了解其深层意义。第二步，在已经能很好把控原始资料的基础上对原始文本资料进行编码登录，在此过程中根据研究目的选定基本单位并进行概念化编码登录，同时要注意寻找"本土概念"，即找到具有研究领域特色的相关概念，并在编码时保留这些概念（此过程相当于扎根理论的开放式编码过程）。第三步，对第二步编码的结果进一步归类分析，提取范畴，得出平台经济高质量发展面临的主要问题。在此过程中，为确保编码过程的客观性与准确性，需要很好地把握每个概念与范畴背后的故事线，并对存在争议的概念与范畴多次进行推敲修正。

二、基于质性资料逐级编码的分析

1. 登录与寻找"本土概念"——概念化编码

本研究在充分阅读原始资料的基础上，找到其中的"本土概念"，根据研究问题采用"目的性抽样"的方法对原始资料进行编码登录，共发掘 217 个初始范畴，初始概念编码用字母和数字表示，经过反复修正和考虑，删除出现频次在 3 次及以下的初始概念，最终确定 46 个初始范畴。经典案例文本概念化过程示例如表 2-1 所示。

表 2-1 经典案例文本概念化过程示例

案例企业	原始资料语句	概念化
阿里巴巴	阿里巴巴集团滥用其在国内网络零售平台服务市场的支配地位，实施"二选一"行为，通过禁止平台内经营者在其他竞争性平台上开店和参加其他竞争性平台促销活动等方式，限定平台内经营者只能与阿里巴巴集团进行交易	a2.3　限制竞争 a1.8.3　实施"二选一"行为 a2.3.1　限制参与其他竞争性平台

续表

案例企业	原始资料语句	概念化
阿里巴巴	2019年11月11日,阿里云计算有限公司未经用户同意擅自将用户留存的注册信息透露给第三方合作公司	a4.1 擅自透漏用户注册信息
	除了负债的风险,花呗、借呗等背后的高杠杆率也存在着巨大的金融风险。2018年1月初,央行多位官员已与蚂蚁金服会面,讨论蚂蚁金服消费金融业务高杠杆问题。在蚂蚁金服降低杠杆水平之前,央行可能会阻止蚂蚁金服发行新的消费贷款证券	a3.5 高杠杆率金融风险
美团	2018年以来,美团借助其在中国网络餐饮外卖平台服务市场的优势地位,通过实施差别费率、拖延商家上线等方式,以收取独家合作保证金,以数据、算法等技术手段,要求平台内商家必须接受与美团平台的独家合作协议,保障"二选一"行为实施,排除、限制了相关市场竞争,严重损害平台内商家和消费者的合法权益	a1.8.4 保障"二选一"行为实施 a2.4 妨碍市场资源要素自由流动 a1.6 滥用平台服务市场的支配地位 a2.9 损害平台内商家和消费者的合法权益
携程	携程早年就被爆出过大数据杀熟,同一酒店不同的人下单价格不同。北京市消费者协会2019年3月份发布的大数据杀熟问题调查结果显示,88.32%的被调查者认为大数据杀熟现象很普遍,56.92%的被调查者声称经历过大数据杀熟。	a2.5 大数据杀熟
滴滴出行	2021年7月2日,国家网信办发布公告,要求对"滴滴出行"安全审查,依据的是《中华人民共和国国家安全法》和《中华人民共和国网络安全法》,内容中明确提及"防止风险扩大",要求"停止新用户注册";根据举报,经检测核实,"滴滴出行"App存在严重违法违规收集个人信息问题。国家网信办依据《中华人民共和国网络安全法》相关规定,通知应用商店下架"滴滴出行"App	a4.6 严重违法违规收集个人信息问题

2. 范畴化编码

范畴化编码是在概念化编码的基础上根据情境和因果关系对各个概念进行范畴化提炼,本研究对经概念化编码过程得到的 46 个概念进行分析,共得到 6 个范畴,如表 2-2 所示。在此基础上本研究认为平台经济治理困境问题主要体现在四个方面:垄断与不正当竞争行为,数据安全与合规行为,金融风险,社会责任缺失、异化与治理。

表 2-2 部分开放式编码结果

范畴化	概念化
A1 垄断行为	a1.2 滥用垄断权力;a2.3 限制竞争;a1.8.3 实施"二选一"行为;a2.3.1 限制参与其他竞争性平台;a1.8.4 保障"二选一"行为实施;a1.6 滥用平台服务市场的支配地位
A2 不正当竞争	a2.4 妨碍市场资源要素自由流动;a2.9 损害平台内商家和消费者的合法权益;a2.5 大数据杀熟
A3 金融风险	a3.5 高杠杆率金融风险;a3.4 诱导过度负债消费;a3.1 对公众资金的隐蔽性聚合和不透明管理;a3.2 第三方支付本身的安全和信用缺乏有力保障;a3.3 系统性金融风险;a3.9 逃避监管的风险
A4 数据安全	a4.2 网络数据安全……
A5 数据泄露	a5.6 严重违法违规收集个人信息;a5.1 擅自透漏用户注册信息;a53 隐私保护、安全
A6 算法歧视	a6.2 算法歧视包括价格歧视和算法偏见;a6.2.3 交易中的价格歧视;a6.7 算法侵权现象

三、平台经济健康发展的问题特征

1. 平台经济垄断与不正当竞争行为问题

平台经济这种创新的商业模式能快速形成技术、资源、算法、用户规模等方面的集聚,从而在规则制定、资产专属权、交易排他权等方面具有绝对优势。当平台通过这些优势和资源进行不正当竞争时,则产生垄断。常见的垄断行为包括以下三类。第一种是价格歧视。平台利用其掌握的海量用户数据和交易数据,精准识别用户的消费相关偏好、价格敏感程度和消费水平,对具有不同购买意愿和能力的消费者提供不同价格的商品或服务。当前为社会公众所诟病的大数据杀熟就是典型的价格歧视,在打车、购票、订房、订餐等各种常见的网络平台消费服务中,常常存在"老客户比新客户贵"的杀熟现象。第二种是限定(或指定)交易行为。平台通过各种方式迫使用户不能使用竞争对手的平台,从而打击竞争对手、扩大市场份额。被公众俗称为"猫狗大战"的京东诉天猫滥用市场支配地位案是"二选一"的典型案例。天猫从2013年起实施排他性协议,要求在天猫商城开设店铺的众多品牌商家不得在京东商城开设店铺进行经营,京东商城为此进行了长达数年的诉讼维权。第三种是经营者集中。平台通过合并、收购、合同约定等方式取得对其他平台的控制权。从实践来看,参与经营者集中的平台通常已经占有较高的市场份额,一旦达到经营者集中,就会形成"一家独大"的市场地位,可能降低市场竞争强度,抑制创新活力。

此外,平台经济背景下,企业、产业边界日益模糊;跨产品、跨市场的范围效应对通过产品市场份额判断垄断行为的传统经济学方法带来了极大的挑战;平台双边市场差异化定价,价格垄断行为难以识别;垄断的隐蔽性、复杂性给政策制定者带来了挑战。

2. 平台经济数据安全与合规利用问题

平台经济快速发展中,在集聚双边主体的同时带来了数据资源的集聚。平台企业利用数据资源进行服务优化、业务运行分析、风险预警等决策时,也会产生一系列数据安全和合规利用的问题。面向多样化的数据使用场景,安全隐患层出不穷,需不断优化平台经济数据安全治理手段。平台经济中的数据控制与共享的矛盾日益突出,平台数据垄断导致的网络数据信息安全风险更加突出。当前平台经济发展中的数据存在着错配风险高、数据共享程度低、数据质量不高等现实问题,迫切需要从筑牢数据治理安全底线、推进数据共享、强化数据质量管控和提升数据治理能力等方面入手,促进平台经济中的数据安全和数据价值增值之间的平衡。此外,平台频发的违规违法行为如何取证,数据及隐私安全问题如何治理,质量问题、诚信问题如何系统治理与预防等,都是新业态、新模式带来的新难题。

3. 平台经济金融风险问题

互联网金融的迅速发展，给我国传统金融业带来较大冲击，互联网金融风险为社会经济发展带来一系列安全隐患。平台经济背景下，已有的金融平台改变了传统的运行模式及逻辑体系结构，使得互联网金融业务模式、类型特征均存在根本性转变，而伴随其产生的金融风险则呈现出内生性风险与外生性风险差异大的现象。其中，内生性风险源于风险透明度识别、外生性风险主要是受到新兴数字技术及平台系统安全性的影响，多种风险相互影响交织，使得设计合理的金融风险对冲规则、促进金融功能健康等目标成为金融平台治理的核心挑战。在此金融化过程中，平台经济表现出的金融过度创新、混业经营、监管脱敏、数字技术创新等特征导致局部金融风险不断积累，并使金融风险更趋复杂化和隐蔽化，进一步加大金融监管难度。当前，平台企业的业务已经渗透到资金转账、有价证券和保险等行业，但中国人民银行、银保监会、证监会等监管部门并未对其实施严格监管。监管的缺位将增加交易衍生的风险、弱化政府的监管职能，容易使平台企业在运营过程中钻监管规则的空子。然而，我国目前尚未制定完善的互联网金融信用风险规制立法体系，且金融关系网络下系统性风险复杂度高、波及面广、表现形式多样且难以预测，这为监管带来了诸多挑战。

4. 平台企业社会责任缺失、异化与治理问题

与传统企业相比，平台企业社会责任具有多层性、结构复杂性、主体多样性、影响跨界性、功能社会性等特点，不仅要有关于平台提供者自身的责任，还要确保担负平台的参与各方对社会的责任。现阶段的平台已经履行一部分行政管理职能，开始掌握一种"准公权力"，平台定位和功能的转变在引起社会治理理念变迁的同时，还重构着社会治理结构，平台的权责关系也必然会在全新的社会治理结构中再次达到平衡。相较于平台经济创造的巨大经济价值与服务规模而言，我国平台企业社会责任实践水平及能力明显不足，平台企业社会责任缺失与社会寻租等异化行为有所存在，无论是中小型互联网企业抑或典型的知名平台企业，均存在对社会、利益相关者、内部规则及个人等多层次对象的社会责任缺失或异化现象。例如，平台参与者被强制"二选一"、零工经济从业者的社会保障难以兑现、消费者隐私信息泄露、大数据杀熟、被算法控制的外卖骑手送餐时间被压缩等，直接影响平台经济的健康发展。

第二节 平台经济治理困境的主要表现及其根源

一、平台经济治理面临的困境与挑战的总体分析

平台经济发展迅猛、潜力巨大，但在其快速发展过程中也面临一些治理困境。一是平台经济发展所具有的网络外部性、时空无界性、范围集聚性、寡占性等极大地增加了平台经济治理的复杂性，给数字经济时代公共治理水平带来了严峻考验。如面对平台经济底层支撑的数字技术动态更新和市场多边性等特征，传统的反垄断理论及方法无法应对。二是相对传统经济而言，平台经济出现的更复杂和隐蔽的问题，使得传统治理难以适应。在新经济、新业态的背景下，平台经济发展中出现的垄断问题、数据安全问题和金融风险问题更加复杂，形式隐蔽，影响范围更广，使得一些传统的法律法规、治理方式及治理手段难以适应。

二、治理制度空隙、滞后：平台经济治理制度困境

平台经济打破了传统经济治理的制度基础，互联网消除了个体参与生产的门槛，制度上的准入控制被弱化，平台经济在制度空隙与平台企业的交互作用中实现了螺旋式上升。一方面，由于信息不完全和信息不对称，政府规制与监管部门习惯于传统经济业态的规制模式，而对这种新业态知之甚少；平台经济本身技术动态性和市场多边性的特性使传统的反垄断理论失灵，现有的市场监管法规体系和反垄断法律不能解决平台经济发展中出现的新问题，传统经济学中关于垄断的界定依据是否适用互联网平台，相关市场统计的边界如何确定等都面临挑战。尤其是对于平台经济治理中的数据产权问题等难以找到合理的解决路径，技术更新换代较快使得垄断行为识别及认定存在诸多困难，尤其体现在平台经济治理的制度层面上。另一方面，平台经济是技术创新带来的新业态，呈现出较明显的内在特性，容易产生制度空隙。平台经济新业态、新模式迭代速度快、渗透范围广，使得许多新业态、新模式呈现出尚未完全明确的特点，而与之相匹配的制度供给反应存在"时滞"。平台经济既具有极高的发展潜力，又具有新生事物固有的脆弱与不成熟的特

点。为了防止过度规制有可能抑制新业态成长，规制者在设计规制与监管体系时更倾向于采取包容、审慎的态度，充分考虑平台发展需求，在制度设计上留白较多，执行要求较宽松，这不可避免地会产生制度空隙。①

三、组织碎片化：平台经济治理主体困境

相较于传统经济治理的地域约束，平台经济治理跨行业、跨区域、跨部门、跨业务的特征显现，同时新兴数字技术使得网络空间与物理空间进一步深入渗透，传统公共部门管理中的条块化治理方式无法实现对物理世界和数字孪生场域的全覆盖，分散化、碎片化的权力结构使得强有力的责任主体难以出现。治理实践中各主体间权责划分不明、职责交叉或重叠、监管过度等问题使得治理效能降低，严重影响治理效率。如对于共享出行平台，除旅游、工商、税务、网信、公安等部门外，公众和相关社会组织都负有监管责任。然而结合目前的治理实践可以发现，对于该类平台未建立高效的协同治理机制，不仅无法确保监管合力而影响治理效果，也导致平台企业疲于应付，甚至无所适从。平台经济的高度不确定性与复杂性，决定了单靠政府或者参与主体中的某一方力量，难以有效应对诸多挑战，须充分发挥多元治理主体各自优势和组织层面协同作用。然而，当前对于平台经济中出现的主要问题，治理主体主要是政府单一主体，并且部门之间的横向联合不够、纵向协同不足，因此造成平台经济治理的组织碎片化。

四、技术手段单一：平台经济治理技术困境

在数字经济新业态的背景下，平台经济发展中出现的数据垄断、数据安全和数据算法等问题更加复杂、更加隐蔽，大型互联网平台利用数据获取和处理上的优势地位，在市场中实施强制不兼容、大数据杀熟和高筑数据壁垒，导致管理部门对平台经济的数据行为难以监管。根据已有的平台治理案例可以发现，单一的行政制度手段或组织手段可在一定程度上对相关问题进行监管，但平台经济商业形式复杂多变，仅仅依靠传统的治理手段不仅治理低效，且可能导致治理延迟而出现严重问题。因此需要借助物联网、人工智能、大数据、区块链等数字技术手段，为平台搭建多样化的技术系统，将多维度治理体系、多层次平台主体协调起来，构建智能治理体系，开展分布式、系统性治理。而当

---

① 沈伯平、张奕涵：《平台企业：制度空隙、规制与监管》，《上海经济研究》2022 年第 4 期。

前平台经济治理对互联网、大数据、人工智能等现代信息技术运用不足,治理手段单一,尤其是当前平台经济治理数据赋能不足,平台治理不能很好地进行数据汇聚与挖掘,从而不能获得服务与治理对象的精准画像,不能实现政策资源的精准投放,导致当前平台经济治理的智能化和专业化水平不足。

五、治理工具滞后、异化:平台经济治理工具困境

随着平台在技术结构上的深化,资本本质与资本逻辑主导下的资本无序扩张把资本作为平台发展的主体和目的,导致技术异化,算法在平台使用中的异化越来越严重,会引发相关的政治风险、社会风险、金融风险。数字经济时代,算法权力影响着社会生活的各个维度,由此引发私人领域边界范围划分不清,致使公众个体的隐私权、知情权、数据权等难以得到保障。技术和算法的异化,导致一系列资本快速增值结果。平台跨界融合和快速变化的生态场景造成平台治理的内容在很大程度上难以预测、识别和判定,如算法的"黑箱"问题增加了算法合谋的判定难度,平台的网络效应增加了垄断的判定难度,因此迫切需要利用数字技术对平台经济进行智能治理。

本 章 小 结

平台经济双边市场、网络外部性等特征突出,容易造成垄断、负外部性等市场失灵现象和传统治理的失效。因此,需厘清平台经济高质量发展的现实问题及治理需求,构建促进平台经济高质量发展的数字治理范式。本章在深入分析国内外平台经济的发展现状,探究平台经济的演进规律及发展趋势的基础上,深入分析了平台经济存在的主要问题及其成因,为平台经济治理提供重要前提和基础。选择电商、出行、互联网金融和网上信息服务等不同行业领域平台作为研究样本,采用扎根理论,分析平台经济业态相比传统经济暴露出来的新问题以及平台经济发展中更复杂、更隐蔽的深层次问题,如平台经济中的数据垄断问题、大数据杀熟问题、数据合规利用问题、数据算法问题和平台企业中的劳务关系治理问题等。从治理理论、方法、技术和社会多个层面,剖析传统治理在平台经济高质量发展中的困境及其根源,运用现代治理理论提出破解传统治理失效问题的思路,为提出平台经济数字治理的理论逻辑框架作铺垫。

第三章

平台经济数字治理的理论分析框架构建

平台经济数字治理不仅依托数据要素和数字技术进行新型治理，还以平台为中介形成新型组织系统，更形成了以反垄断法和数据安全法为代表的法律制度，最终形成了组织-技术-制度三重逻辑的治理框架，三者共同整合出整体性的平台经济新型治理方式——数字治理。已有研究既有对平台经济新型监管机制的优化，也有从数据层面的治理对策，但这些对策并未从技术安排、组织安排与制度安排有机整合的维度进行分析。数字社会由处于社会基础层的技术系统、中间层的组织系统和上层的制度系统组合而成[1]，三个子系统分别对应平台经济数字治理转型的技术、组织和制度层面。平台经济数字治理的成功与否，不仅取决于技术层面的治理方法的创新，也需考虑组织层面的多元主体关系协同程度，更需在制度维度形成依据，巩固和规制技术创新与组织关系的行政制度保障。

本章将"三融五跨"思想与现代治理理论相结合，从"组织治理—技术治理—制度治理"出发构建平台经济治理理论逻辑和实施框架，为其他章节内容的研究奠定基础。重点剖析平台经济由于打破了传统治理的制度与组织基础及突破了传统治理的场域限制、场景复杂性与隐蔽性而增加的治理难度，平台经济区别于传统经济的对算法和大数据高度依赖的特征，以及平台经济发展对数字治理提出的更迫切和更紧密的需求，由此提出平台经济对数字治理需求的理论逻辑。

---

[1] 单勇：《数字平台与犯罪治理转型》，《社会学研究》2022年第4期。

第一节 平台经济治理体系的逻辑起点：化解治理困境

平台经济不同行业、不同发展阶段垄断与风险的形成具有异质性，传统一刀切的治理模式无法实现精准和科学有效治理；平台经济发展具有行业异质性和复杂场景特征，由此要求构建平台经济分类分级的精准治理模式。平台经济的高度不确定性与复杂性，决定了单靠政府或者参与主体中的某一方力量，难以有效应对诸多挑战，需充分发挥多元主体协同治理作用，同时还需应对多元共治实践中面临的组织碎片、数据孤岛、政策冲突等诸多挑战，由此需要设计全域场景下多元主体共治的"五跨"协同机制。此外，"互联网＋"环境下平台经济传统治理产生了隐性成本高、风险管控不足等困境，平台经济垄断行为、数据安全等问题相比传统垄断更复杂，数据和算法的"垄断基因"、数据共享治理理论缺失以及数据保护规制失灵等突出问题给传统治理带来了较大挑战，平台经济治理迫切需要大数据赋能的智能治理。新一代数字技术全方位赋能平台经济治理，平台数据汇聚与挖掘有助于获得服务与治理对象的精准画像，能实现政策资源的精准投放，由此需要设计数据赋能的平台经济全程智能治理体系。

在信息社会背景下，数字技术已深度渗透至社会、经济和国家治理各个领域，数字技术赋能国家治理体系与治理能力现代化，成为平台经济治理逻辑的基础范式。传统的单向或静态的治理模式及手段已不适用于平台经济特征，简单依托以政府为主体的公共管理部门的政策规制或监管局限性明显，也明显滞后于平台经济发展，需要依靠平台企业的力量以及其他市场主体的参与，以数据这一基本要素为支撑，构建分类、协同、智慧的数字经济现代治理体系，弥补传统政府监管的不足。[①] 围绕平台经济治理困境及治理体系的核心框架，本章主要从以下几个方面进行分析。

一、平台经济组织协同治理大势所趋

应当按照协同高效的要求，推进线上线下一体化治理，不断完善平台经济

---

① 侯东德、田少帅：《金融科技包容审慎监管制度研究》，《南京社会科学》2020年第10期。

治理机制。① 其中，平台经济遇到海量商业主体经营行为问题，为减少平台消费者在使用平台过程中所出现的隐私安全、财产安全、心理安全等系列安全风险问题，对于平台企业而言，加强对平台服务供应商的有效监管、评估、审核等全流程治理机制，对于平台经济治理效能提升具有重要意义，多元主体线上线下协同治理方式是主要趋势。大型互联网平台利用数据获取和处理的优势地位，在市场中实施强制不兼容、大数据杀熟等不正当竞争行为，破坏了市场竞争秩序，损害了消费者权益；其高筑数据壁垒，也导致行业创新受阻。对此，应构建多元主体共治的数据垄断监管体系，促进数据开放与数据共享，及时规制数据垄断，实现平台经济的健康有序发展。平台经济数字治理的多方协同性提高了应对风险的水平，协同治理下的协同行动、联合行动汇聚了多方智慧和力量，较之政府单独决策和执行，其决策更具科学性和执行力，也有效调动了全社会的积极性，用全社会之"长"补自身治理之"短"，从而提高了应对平台经济风险的能力和水平。

二、平台经济智能治理势在必行

全球科技创新和产业变革进入飞速发展阶段，平台经济治理主体要面对市场主体活跃发展的客观现实，充分利用新型基础设施在平台治理中的手段优势，运用大数据等推动治理创新；依托互联网、数字技术推动"互联网＋"智能治理模式，提高平台经济治理智能化水平。互联网平台将资源、数据、算法和基础服务视为构成平台经济的核心内容，海量数据蕴藏的衍生价值更使数据成为数字经济时代互联网平台发展的战略性资源。数据处理的技术门槛、用户规模产生的网络效应使平台经济天生就带有"垄断基因"。平台经济以云计算、大数据、人工智能、区块链、5G、物联网、移动社交网络等数字技术为驱动，借助平台的技术创新和数据资源优势，遵循"以网治网、以数治数、以智治智"的思路，充分发挥现代信息技术的作用，能极大地提高平台经济治理效能和水平。因此，大数据赋能平台经济的智能治理是平台经济数字治理体系框架的核心要素之一。

---

① 侯东德、田少帅：《金融科技包容审慎监管制度研究》，《南京社会科学》2020 年第 10 期。

三、平台经济制度治理迫在眉睫

针对不同平台经济类型及治理难题的多样性、动态性，仅仅依靠技术手段不能自行解决治理中的实质问题，还应该从制度治理层面进行探索，避免传统政府法制体系滞后、缺位等现象。[①] 依托平台经济赋能传统产业数字化转型成为我国经济社会发展的重要举措，在促进经济快速发展与复苏的同时，也引发了在传统经济环境下不曾显现的诸多新型监管或治理难题，并且平台经济包含细分行业领域复杂多样的商业形态，如交易类平台经济、信息类平台经济、金融类平台经济和第三方服务平台经济等，各种具体细分行业领域出现的问题表现及根源各不相同，需要针对平台经济具体行业中出现的问题，落实相关法律法规及规章措施，以确保平台经济治理安全运行。从数据安全治理、主体权责划分、反垄断规制等维度优化平台经济法律体系框架；突破政府与平台企业博弈的藩篱，建立信息联通机制和协同共治机制；建立"事前市场准入、事中数据管控、事后执法保障"审慎包容的全链条干预机制，在干预中挖掘平台自身的管理者属性，从而实现政府干预与平台自治有机结合，达到平台经济的善治目的。

第二节 平台经济数字治理的动力引擎："三性""三化"原则

基于平台经济健康发展和平台经济治理现代化的双重目标，针对平台经济健康发展中出现的效率与安全、公平与安全、效率与公平的多维目标失衡或偏离问题，提出平台经济治理的"安全、效率、公平"三位一体治理方向。以平台经济健康发展为治理目标，解构现代治理理论的基本思想和方法，确定将"三融五跨"作为平台经济治理的逻辑起点的现实依据与学理基础，以此为平台经济治理体系的逻辑框架设计提供目标和方向指导。

针对平台经济在传统治理理论、方法和技术失效的基础上，结合平台经济特征，明确平台经济治理应当具备的理论、方法和技术等方面的新要求，如平台经济治理需要以数字技术支撑为主线，以数据驱动为核心，以制度与机制设计、规则执行与效果反馈为基础，以虚拟与实体治理有效融合为目

[①] 李勇坚、夏杰长、刘悦欣：《数字经济平台垄断问题：表现与对策》，《企业经济》2020年第7期。

标，明确"三性"（系统性、整体性、协同性）、"三化"（精准化、智能化、数字化）治理原则。最后比较分析相对传统治理而言平台经济数字治理的优势及其来源。

一、平台经济数字治理的系统性、整体性、协同性

平台经济的数字治理不是单一的治理，而是系统的治理。借助系统性治理的理念进行平台治理，要求多主体构建战略全局的理念，剖析复杂的表面现象，深入把握平台经济运行本质和市场发展的本质特征与内在规律，在解决现有迫切问题过程中进一步达成战略意识，在把握战略全局中推进平台经济稳定发展。整体性治理原则要求已有的治理手段要从单一手段向多种手段综合治理转变。单靠一种方法和手段是不能获得良好治理结果的，应该多措并举、多管齐下，综合运用数字技术与数据治理等手段施策，才能攻坚克难。在数字化背景下，模块化的一元治理体系使得治理信息难以在创新主体之间流动，造成信息披露碎片化和内控管理碎片化。面向碎片化治理实践和联动治理需求之间的矛盾，协同性治理原则要求平台经济治理应明确不同主体的职责，实现多元主体协同治理，提升治理效率。

二、平台经济数字治理的精准化、智能化、数字化

平台经济数字治理的精准化是指考虑平台经济的行业异质性特征，准确刻画平台的结构、行为和功能特征，揭示平台行为的时空演化规律，依据平台的分类分级特征，研究平台经济全生命周期"事前、事中、事后"分类分级治理规则，实现平台主动化、个性化和预防型精准治理。

平台经济数字治理的智能化是指以互联网、大数据、人工智能等现代信息技术为驱动，推动治理方式和手段的智能化，实现治理的精细化、个性化和智能化的一系列治理行为和过程的总和。其将资源、数据、算法和基础服务视为构成平台经济的核心要素，海量数据蕴藏的衍生价值更使数据成为数字经济时代互联网平台发展的战略性资源。

数字化治理是指遵循"以网治网、以数治数、以智治智"的思路，借助互联网平台的技术、数据等专业优势，充分发挥现代信息技术的作用，极大提高平台经济治理效能和水平。

第三节 平台经济数字治理要素分析：主体、目标、手段、过程、效能

平台经济数字治理以平台企业为核心治理对象，涉及政府主导，平台企业、行业组织、公众等多元治理主体参与，以行政手段、数字技术手段、制度手段等为主要治理手段，以最终实现平台经济健康规范发展、提升平台治理效能为目标而进行的治理过程。在此过程中，平台治理主体具有多元性、交互性，在多元治理模式下，治理过程涉及的节点间更加扁平化、生态化，治理过程也呈现复杂性。平台经济数字治理应包含治理主体、治理目标、治理手段、治理过程、治理效能等基本要素，如表 3-1 所示。

表 3-1 平台经济数字治理要素及特征分析

治理要素	特征
治理主体	平台经济数字治理主体主要包括政府、平台企业、行业组织、公众等
治理目标	平台经济应实现"安全、效率、公平"三位一体均衡发展目标，具体包括精准化、协同化、智能化目标
治理手段	从治理手段来看，不仅应借助行政手段、市场化手段的优势，还应充分运用技术手段解决平台经济中的新型治理难题
治理过程	既要保持平台企业内部从战略到运营的"自上而下"和"自下而上"的纵向治理，也要结合多中心、多主体的横向生态治理
治理效能	平台经济数字治理效能可从治理效果、治理能力、制度保障、公众参与四个维度进行刻画

一、平台经济数字治理主体

平台经济数字治理主体主要包括政府、平台企业、行业组织、公众等。平台经济治理过程中，应充分发挥政府引导监督，平台企业自治，行业组织、公众等补充参与监督的作用，实现全域协同共治。明确各治理主体的责任边界和主体间关系，从而更清晰地实现各主体对平台经济条件下问题的识别、分析、监测、评估等。具体而言，平台企业既是平台经济的主要参与者，也是平台经济协同治理的重要主体。一方面，企业自身的健康发展有利于助推平台经济的

发展，应保证自身运行过程中对相关制度规则的遵循；另一方面，健康、稳定的经济环境，为平台企业的发展壮大提供了坚实的环境基础。平台企业作为主要的监管者，应承担主体责任，通过平台准入退出机制、价格机制、信用机制、信息保护机制等，规范主要参与主体的行为，确保多样化、新业态的平台经济创新模式均在国家政策、法律监管范围内运行。另外，应充分发挥行业组织、公众在协同治理过程中的积极性及各自优势。

二、平台经济数字治理目标

平台经济发展正面临"规模与垄断""创新与风险"两难境地，平台经济的治理目标不再是传统意义上的促进平台经济快速发展，而是强调发展和规范并重。面临数据要素和数字技术双重赋能的平台经济，其预防型治理和前瞻型治理紧迫而重要，平台经济应实现"安全、效率、公平"三位一体均衡发展目标。

（1）精准化目标。精准治理响应国家对平台经济包容审慎、分类分级监管法规政策的要求，以全面精准的平台信息采集融合为治理基础，以科学严谨的平台信息挖掘分析为治理前提，以持续优化的平台治理规则精准匹配为治理核心，实现平台全生命周期主动化、个性化和预防型治理，是平台经济治理体系和治理能力的创新再造过程。一是治理主体精准化有助于明确主体职责的精准性，推动广泛、深入、有效的协作；二是治理流程的精准化，将数字技术与管理规则相结合，由事后惩戒转向贯穿治理全生命周期的事前、事中与事后治理，实现全生命周期全域治理。三是治理手段精准化，在采用数字技术结合行业全息画像的基础上，提出平台分类分级的具体方法，综合分析治理需求类型及来源，个性化、精准化地设计平台分类分级治理规则，精准匹配，保障治理的科学系统性。

（2）协同化目标。平台治理所具备的复杂性、动态性、多样性特征，使得单一主体与技术的治理逻辑无法适用于已有的平台，需构建多元主体协同共治机制，实现对平台的协同治理。对于平台而言，为保障复杂多变的平台生态网络，需要包容、鼓励跨区域、跨行业、跨部门的主体之间的良性竞争、协同治理，实现平台系统整体功能的优化。形成以政府监督引导为基础，平台自治为核心，行业协会、社会组织、公众个体等多元主体参与的治理体系，成为平台经济数字治理的必然需求。通过政府强有力的监管手段、平台企业的业务综合水平、消费者对于平台运营规则的遵守、社会公众的正确引导与监督等方式，促使多元主体共同积极参与平台经济治理，从而营造秩序良好的、高效的平台生态系统。

（3）智能化目标。利用数字技术，明确依托数据治理（数据来源、数据模型、数据共享等）及技术治理推动平台经济智能化治理，通过互联化、物联化、感知化、智能化手段，构建平台经济智能治理体系，以更好地适应数据赋能、技术驱动、系统协同、服务优化的治理目标，为实现平台经济全程智能治理提供有效前提和治理行为依据。加强运用数据、算法、新基建、网络等治理技术与手段的功能，提升预测和预警风险的敏感度，对于平台运行过程中的不正当竞争行为应及时发现；进一步完善平台数据权属界定、开放共享等标准与监管机制；对平台算法、技术异化行为进行有效监管；利用数字技术和数据资源构建平台健康运行监管预警系统，及时感知异常行为，发现潜在风险，增强平台治理的精准性与及时性。

三、平台经济数字治理手段

从治理手段来看，不仅应借助行政手段、市场化手段的优势，还应充分运用技术手段解决平台经济中的新型治理难题。首先，将完善的政策法规体系作为行政制度手段以弥补已有制度空隙。将已有政策法规进一步延伸，应用到平台经济"三融五跨"场景中；对一些平台治理中存在政策、法律法规"盲点"的地方，应加快构建标准、完善的政策、法律法规体系，建立全流程、常态化的治理制度。在互联网金融、生活服务、共享出行等快速发展的行业中，从业态模式创新较快的业务领域来看，已有制度存在滞后性或空缺性，在此应及时将新业态纳入监管范畴，创新监管方式。其次，应公正客观看待平台经济运营机制与市场的内在关系，从而充分运用价格机制、竞争机制、供需关系调整机制等市场手段，充分考量平台经济市场中所呈现的创新性、差异性等特征，最大化平台企业的经济效益。另外，在智能化时代，平台中产生的海量、多源数据对于平台进行智能决策具有重要意义，相应地，大数据、云计算、人工智能、物联网等数字技术赋能平台治理，实现数字技术与平台业务深度融合，在交互与变革中带动数字治理决策科学化。

四、平台经济数字治理过程

从治理过程来看，平台企业通过相关的行政制度手段及准入退出机制、价格机制、监管机制等市场机制手段，以及数字技术手段等，对参与主体实施系列治理活动。在治理过程中，既要保持平台企业内部从战略到运营的"自上而下"和"自下而上"的纵向治理，也要结合多中心、多主体的横向生态治理。

平台经济的场景复杂性、主体多样性、行业异质性等特征使得平台经济治理应是主动化、个性化和预防型的精准治理、垂直治理与横向生态治理相结合,充分发挥多主体广泛参与的扁平治理的作用。

五、平台经济数字治理效能

治理效能是治理所表现出的效率与效果。治理效能的内涵强调治理活动所产生的一系列正向作用或积极效果,治理效能蕴含一种复合性结果、积极性结果和变动性治理状态。治理效能蕴含一种复合性结果,对于治理效能的衡量应当是多维度的,包括治理的效率、功效和效益等。其中,功效与应对风险挑战的效果有关,而效益侧重于应对风险挑战过程中产生的溢出效应,比如巩固治理基础、增强民众的获得感与公平感等。平台经济数字治理效能是从平台经济数字治理的内涵及目标出发,围绕"安全、效率、公平"维度,刻画平台经济精准治理、协同治理、智能治理、社会责任治理的效率与效果。[①] 对平台经济数字治理效能可从治理效果、治理能力、制度保障、公众参与四个维度进行刻画。其中,治理效果主要用于衡量平台经济数字治理的效果、效率和效益。平台经济数字治理效果主要体现在行政效率、数字经济规模增长、公共服务、数据开放程度等方面。其中,行政效率以在一网通平台和政务留言板上政府对于平台经济领域事项的处理效率来衡量。数字经济规模增长以各行业数字经济增长规模和数字经济企业增长数量来衡量。治理能力主要用于测量平台经济治理主体依托数字技术、数据进行数字治理的能力。主要可从行业监管能力、组织协同能力、社会责任实践能力、营商环境、数字新基建水平等方面进行测度。制度保障主要用于对平台经济治理政策及相关制度保障能力的评价,主要可从相关平台经济治理政策法规文本维度进行衡量,包括平台经济治理系列政策、数据治理系列政策数量等。公众参与主要用于平台经济治理过程中公众对于治理活动的参与程度的评价,主要可从平台企业网站中用户评价数量、用户投诉数量及在新媒体中用户对于平台企业的维权事件等维度进行评价。

第四节 路径选择:平台经济数字治理体系核心框架

本书以构建促进平台经济高质量发展的现代化治理体系为导向,以保障平

---

① 杜庆昊:《数字经济治理逻辑演进和路径选择》,《互联网经济》2020年第Z1期。

台经济"安全、效率、公平"三位一体均衡发展为目标，以解决平台经济高质量发展中面临的"规模与垄断""创新与风险"两难境地为总体问题，以"三融五跨"协同为逻辑起点，系统研究促进平台经济高质量发展的数字治理理论逻辑、全域协同的组织治理机制、全程智能的技术治理系统和持续优化的治理制度，形成平台经济"组织治理—技术治理—制度治理"的现代化数字治理逻辑，构建我国平台经济数字治理的理论核心框架。数字技术的快速发展助力了平台经济这一商业模式的成功。一方面，平台经济治理主体源自网络空间主体，但在市场逻辑下，组织和制度对平台经济的影响仍体现在国家与数字社会的在线互动上。就国家治理层面而言，其面临的困境是目前从技术治理层面无法破解的，即技术治理手段虽能从技术上解决一定的治理难题，但对于治理危机中的深层、实质问题仍需依赖国家治理体系的组织重建[1]，而且组织和制度手段在一定程度上作为一种中介因素影响了技术手段的实行。另一方面，平台经济快速发展进程中对治理的需求不仅仅是以效率导向的工具理性为目标，而应在追求效率的基础上实现"好的治理"，即达到平台经济数字治理"安全、效率、公平"的目标。由此，平台经济数字治理路径是技术手段对组织系统和制度系统的形塑，这是一种效率导向的"通过平台的治理"；同时，平台经济治理的规制路径关注行政制度手段对组织系统和技术系统的规制，这体现了价值理性的"针对平台的治理"。平台治理的双重面相及两种路径共同构成平台经济数字治理的核心理论逻辑框架。

本书以新时期平台经济数字治理所面临的风险和治理需求为指引，以"安全、效率、公平"为前提，以平台经济数字治理的精准化、协同化、智能化为目标，综合构建平台经济数字治理体系，其核心框架如图3-1所示。

一、平台经济分类分级的全息精准治理规则

平台经济不同行业、不同发展阶段垄断与风险的形成具有异质性，传统一刀切的治理模式无法实现精准、科学的有效治理。因此，需从包容审慎治理视角出发，构建平台经济分类分级、与平台行业全息画像精准适配的治理模式。具体研究内容包括：① 从平台经济高质量发展需要出发，明确平台经济精准治理的需求、目标和逻辑框架；② 从横向领域扩张与纵向范式变迁两个维度，剖析平台经济的行业异质性特征，构建平台行业全息画像，准确刻画平台的结构、行为和功能特征，揭示平台行为的时空演化规律；③ 提出平台分类分级依

---

[1] 单勇：《数字平台与犯罪治理转型》，《社会学研究》2022年第4期。

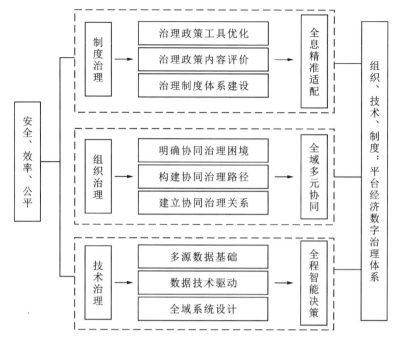

图 3-1 组织、技术、制度三维逻辑下的平台经济数字治理体系核心框架

据和分类分级方法,依据平台的分类分级特征,研究平台经济全生命周期"事前、事中、事后"分类分级治理规则;④ 以数据为驱动,以知识推理为框架,研究分类分级治理规则与平台行业全息画像精准适配的方法,实现平台主动化、个性化和预防型精准治理;⑤ 综合运用反事实仿真和治理系统实际反馈闭环,研究平台经济精准治理效果持续优化的方法,不断提升平台经济治理效率。

二、平台经济多元共治的协同治理机制

平台经济的多元主体协同共治是由政府、平台、企业和社会等构成的相互融合开放的复杂共治系统,参与共治的多元主体在利益诉求、资源能力和行动取向上不可避免存在内在冲突,多元共治实践中面临组织碎片、数据孤岛、政策冲突等诸多挑战,需要设计全域场景下多元主体共治的"五跨"协同机制。具体研究内容包括:① 从市场秩序、数据安全、金融风险三个维度,设计三维度治理目标协同的目标协同机制;② 基于 SFIC 协同治理模型构建平台经济协同治理框架,设计平台经济的协同治理机制;③ 研究平台经济多元共治的主体构成、交叉关系和职能责任,构建平台经济多元共治"跨

层级、跨地域、跨系统、跨部门、跨业务"的组织协同机制；④ 厘清多元共治协同治理与数据协同之间的逻辑关系，分析平台经济多元共治信息协同对组织协同的支撑作用，基于区块链理论构建平台经济多元共治数据协同治理链模型，形成数据开放共享的信息协同机制。最终形成平台经济协同治理中的目标协同、组织协同和信息协同机制，优化平台经济多元协同共治实施路径。

三、平台经济数据驱动的全程智能治理机制

"互联网+"环境下受传统治理的效率较低、被动治理、治理工具单一且滞后等问题的影响，平台经济治理出现了隐性成本偏高、无法有效提升治理水平、风险难降低等困境。在大数据时代，唯有摆脱传统治理模式，转而采用"让数据说话、用数据决策、靠数据管理"的大数据智能治理模式，遵循"以网治网、以数治数、以智治智"的思路，充分发挥数字技术作用，才能使平台经济的治理决策更加精准化和智能化。具体研究内容包括：① 基于数字治理理论，研究数据赋能的智能治理需求及目标，为全程智能治理体系的构建指明根本方向；② 面向智能治理数据赋能、技术驱动、系统协同、服务优化等核心目标，分析多元主体共建共治共享背景下治理数据采集维度、数据产权、数据共享意愿及治理方法，为全程智能治理体系的构建提供可信数据基础；③ 基于精准治理需求，构建"信息提取—行为识别—风险预测"平台行为态势感知模型，挖掘不同类型平台不同场景下的不同行为风险等级，预测平台行为的演化趋势，辅助治理主体制定分类分级的治理决策，实现智能治理的主动化和精准化；④ 从智能治理需求出发整合数据和业务，建立集"精准适配、风险预警、决策支持、协同治理、全程追踪"等功能于一体的多角色、自组织、强协作的平台治理系统运作逻辑。最终构建平台经济的智能治理全域架构，设计系统自适应优化机制，基于"技术、业务、数据"三融合，实现平台经济精准、科学、高效、前瞻型智能治理。

四、平台经济数字治理效能测度与治理政策优化

"全息精准适配—全域多元协同—全程智能决策"的数字治理逻辑和体系，为促进平台经济高质量发展的现代化治理提供了理论逻辑支撑和应用实践指导。但治理效能到底如何，一方面需要对治理效能进行测度，为提升治理效能提供反馈依据；另一方面需要对数字治理政策进行优化，为提升治理效能提供

政策保障。具体研究内容包括：① 围绕促进平台经济高质量发展的现代化治理体系与现代化治理能力构建，延伸和细化平台经济治理效能的内涵，以"安全、效率、公平"三位一体均衡发展为目标构建平台经济治理效能评价指标体系，采用 AHP-TOPSIS-GRA 法构建平台经济治理效能指数测度模型；② 紧扣平台经济治理典型特征，采用质性研究对国内外治理政策文件进行文本分析，关联平台经济演进过程，揭示治理政策对治理效能的作用机理；③ 构建平台经济数字治理的系统动力学模型，仿真数字治理政策下平台经济多元主体行为对系统稳定性控制和目标达成度的影响，通过政策变量分析开展治理政策动态优化研究；④ 从基础设施搭建、外部性治理、行为风险治理、政策措施保障等层面开展平台经济治理政策实施路径设计。

本 章 小 结

平台经济双边市场、网络外部性等特征突出，容易造成垄断、负外部性等市场失灵现象和传统治理的失效。因此，需厘清平台经济高质量发展的现实问题及治理需求，构建促进平台经济高质量发展的数字治理范式。本章具体研究内容包括：① 深入分析国内外平台经济的发展现状，揭示平台经济双边市场和网络外部性特征，探究平台经济的演进规律及发展趋势；② 运用扎根分析方法，研究平台经济高质量发展面临的主要问题，揭示平台经济市场失灵的经济学原因；③ 从治理理论、方法和技术三个层面，剖析传统治理在平台经济高质量发展中的困境及其根源，运用现代治理理论提出破解传统治理失效问题的思路；④ 从治理理论、方法及技术等方面，结合"三融五跨"思想及现代治理理论，充分发挥数据要素和数字技术在平台经济"精准治理—协同治理—智能治理"中的作用，提出平台经济数字治理的理论逻辑框架及理论依据。

第四章

组织逻辑：平台经济治理的主体多元协同

平台经济的多元主体协同共治是由政府、平台、企业和社会等构成的相互融合开放的复杂共治系统，参与共治的多元主体从自身利益、资源约束及行动偏好等维度表现出明显的个体差异及内在矛盾，多元共治实践中面临组织碎片、数据孤岛、政策冲突等诸多挑战，需要设计全域场景下多元主体共治的"五跨"协同机制。本章拟从市场秩序、数据安全、金融风险三个维度，设计三维度治理目标协同的目标协同机制；基于 SFIC 协同治理构建平台经济协同逻辑；研究平台经济多元共治的主体多元、关系建立、主体互动及协同实现，厘清多元共治协同治理与数据协同之间的逻辑关系，分析平台经济多元共治信息协同对组织协同的支撑作用，通过平台经济多元共治的过程、组织、数据协同，解决已有的多元主体间的组织碎片、数据孤岛、政策冲突等困境，共同构建全域协同治理机制。

第一节 平台经济协同治理的框架体系

一、平台经济多元共治协同困境及成因

（一）困境表征

数据已成为平台竞争的关键要素，数据资源的积累有助于市场主体获得竞

争优势，因此关注市场主体所拥有数据的维度和治理问题对于智能治理至关重要。多元主体共治实践仍然没有直面"互联网+"背景下平台经济带来或加剧的数据协同治理问题：一方面多源数据具有规模庞大、来源多样、结构迥异、实时变化等特征；另一方面，数据产权归属、数据失真、数据隐私侵权、拒绝分享以及数据滥用问题等给数字治理系统的运行提出了挑战。平台经济中数据资源实时更新效率，跨行业、跨区域、跨业务的数据流通共享意愿，平台内各主体间的数据协同程度等问题，使得数据孤岛现象明显，依托平台大数据及数字技术进行的数字治理手段缺乏深入有效应用，具体表现为以下几个方面。

1. "内外协同"机制优势难凸显

平台治理的各主体可充分发挥政府的监管规制作用、企业的自我治理作用、行业组织的协调作用等，实现内外协同治理。然而，各主体间跨部门、跨区域等现状阻碍了各主体间的沟通协调效率及资源集聚优势。一方面，若不断强调政府监管规制的绝对主导地位，则会降低非政府组织的监管有效性，出现监管缺失或公平缺失、地方保护等现象；另一方面，平台数据共享意愿及流通性较低，限制了各主体协同时的能力发挥。例如，在网约车出行平台的人身安全维权事件中，平台企业对乘客信息、网约车司机信息数据更新速度较慢，交通管理部门对交通数据的共享意愿较低，乘客求助信息发布不及时，难以平衡各主体间的协同监管关系，不仅会产生与公安部门、交通救援部门之间沟通不及时或协调困难，还可能出现安全预警处理不及时导致的重大安全隐患问题。又如，在平台监管过程中，企业和社会组织的数据流动、证据确认、信息溯源等困难，容易导致权责不清、相互推诿等问题。

2. "主体纵横协同网络"难畅通

从平台经济多元主体的纵向关系看，由于多元组织结构的扁平化、网络化转型，上下级之间的信息渠道增多，但仍存在单向沟通、低效率协同等问题。以政府为主导的治理模式通常采用传统条块管辖的方式，然而，平台经济中由于交易服务涉及的多方主体存在明显的跨行业、跨区域、跨部门等特征，条块监管模式会使得监管部门间权责划分不明确导致消费者维权困难，或多重监管造成企业负担加重等现象。

例如，在滴滴出行用户安全场景中，通常需要打通交通、公安等部门的数据，以多部门协同处置来提升工作效率。然而，在此场景下不仅需要协同多领域规章制度数据，而且执法人员会由于上下信息不同步而导致"上通下不通"的问题。又如，在对购物平台"二选一"市场监管场景中，基层人员在多个平台间的数据抓取中容易"上报的数据多，下传的数据少"，形成"下通上不通"的困境。从平台经济多元主体的横向关系来看，同级部门之间的横向协同存在着业务推动慢等现象；占据主导地位或权威地位的主体会导致横向主体间的公平、公正难以得到保障，容易产生利益冲突、信息不畅、权责不清等问题。由于各部门协同程度较低，平台审批企业资质、处理消费者投诉等流程涉及多个部门，数据流转低效，当同级部门无法审批时，只能采取向上申报协调办理的方式，使得横向协调过程调整为纵向协调过程，主体间纵横协同网络难以打通。

3. "虚实协同"业务流程覆盖不全面

平台经济实现线上线下业务全链条流程贯穿协调是促进平台经济数字治理的基础。目前来看，实现平台经济中融合技术、业务和数据，跨层级、跨地域、跨系统、跨部门、跨业务的流通与覆盖存在较大挑战，多主体间时空障碍难以突破。面对需多主体协同处理的突发治理事件，如网约车平台消费者人身安全出现危机时，快速协同线下网约车司机、线上平台信息、线下公安部门就存在一定难度。

4. "数据协同"安全隐患难消除

数据安全与隐私保护问题是制约平台经济数据融合、共享、开放的瓶颈问题。平台企业往往拥有消费者身份信息、消费信息等大量敏感数据以及企业的重要信息，在数据协同流转的过程中，非法复制、传播和篡改等数据泄露行为会带来较大的安全隐患。不同来源的数据权属不清、数据合规性等问题，都使得共享者对于数据共享存疑，缺乏对数据共享技术解决方案的安全信任，使得数据共享意愿较低；同一份数据在同一平台企业的不同业务系统中内容存在差异，缺乏互操作性和统一的数据标准，造成数据孤岛等，这些问题均会导致"数据协同"过程中产生的安全隐患难以消除。另外，平台工作人员可能受到利益驱使，利用平台管理权限谋取私利，比如，在网络交易类平台中删差评、刷信誉等。

（二）成因解构

深入分析平台经济治理实践后可以得出，以上四类难题相互交织，共同影响了平台经济协同治理效能。国内外学界对于数字化平台协同成因剖析主要集中在制度设计、认识、组织结构和个体意识等维度[1]，既考虑政府治理能力现

---

[1] 李肆：《协同治理中的"合力困境"及其破解——以京津冀大气污染协同治理实践为例》，《行政论坛》2020年第5期。

代化需求与传统的科层体系、条块管理等模式间的结构性矛盾①，也关注目标、权力、信任等功能性解释。平台经济多元共治协同不仅需要平台各主体共同发挥作用，也需要考虑平台背景下"三融五跨"技术创新带来的挑战，伴随传统治理理念与新兴技术手段之间的冲突②。顶层机制设计匹配度较低、资源共享程度较低、需求不匹配、平台建设不充分等核心要素共同阻碍了平台经济多元协同共治的有效落地。

首先，顶层机制设计匹配度较低影响了主体协同的完备性。为实现平台经济各主体在治理理念、治理行动、治理目标等维度上的整体认同，促进协同治理，顶层机制设计是基本保障。因此，需对协同治理中的主体沟通机制、资源共享机制、激励机制、权责划分机制等做出明确规定，在传统的以实体部门为划分标准的业务流程协同数字化转型与数字化协同治理机制更新的转换期，要想快速化解新型协同治理需求与传统治理体制滞后间的冲突，实现跨层级、跨地域、跨系统、跨部门、跨业务的协同治理是急需突破的重点。③

其次，资源共享程度低阻碍协同实时性。平台经济多元共治涉及的资源分为两类：一类是信息、流量、知识、理念等虚拟层面的资源；另一类是数据、算法、数字技术、硬件设施、物质保障等实体资源。平台经济资源共享不均衡、不畅通不仅是由于各级政府等多主体中资源共享不均，也涉及参与协同的行业组织、公众等微观个体中资源共享不均。④ 由此所产生的后果主要在于治理多元主体间信息互换共享、多业务协作困难，严重阻碍了主体参与积极性及治理效率。

再次，需求不匹配导致协同的不一致性。从需求的程度来看，各主体在考虑业务及场景需求时，协同参与意愿及配合度差异较大；从需求的目的来看，中央政府协同治理的目的是达到全国平台经济均衡发展，地方政府考虑的是本地经济社会发展特征及发展阶段目标，公众则出于对社会责任或自身利益等的考虑，多主体协同的需求差异化明显，形成协同共识存在较大困难。

最后，平台建设不充分阻碍了多元主体协同的广泛性。当前，平台经济处

---

① 刘祺：《当代中国数字政府建设的梗阻问题与整体协同策略》，《福建师范大学学报（哲学社会科学版）》2020年第3期。

② 鹿斌、金太军：《协同惰性：集体行动困境分析的新视角》，《社会科学研究》2015年第4期。

③ 刘冰：《"跨省通办"中数据共享的新挑战及协同治理策略》，《电子政务》2022年第2期。

④ 邓理、王中原：《嵌入式协同："互联网＋政务服务"改革中的跨部门协同及其困境》，《公共管理学报》2020年第4期。

于发展壮大期，已有的建设标准、安全技术水平、新型治理技术等仍存在一定的滞后，因此平台经济的数字协同治理在当前阶段较难完成对平台各主体的全面覆盖、对多样化业务及多领域业务的全链条贯通。

二、平台经济多元共治的协同治理框架体系

平台经济的开放、共享等特征及平台治理中的多边市场、多元主体，决定了平台治理框架的多元性、综合性、动态性。为实现平台经济治理效能的最大化，平台内外部多元主体参与的协同治理是较有效的方式。在典型的平台经济协同治理模式中，一种是强调了"政府＋平台"合作治理的二元模式，政府在平台治理中具有核心主导作用；另一种是平台企业主导的生态治理模式，或者是多边用户参与的平台治理模式。然而平台面临的多重挑战和分散治理困境，直接推动平台治理向着多元合作基础上的深度、高效参与治理转变。因此，平台经济多元共治的协同治理框架体系，应当以明确的治理目标为指引，以激励相容的规则激发多主体协同共治的动机，以多元主体参与治理的模式，形成深度、高效合作的交互机制，共同构建平台经济多元共治的协同治理框架体系，如图 4-1 所示。

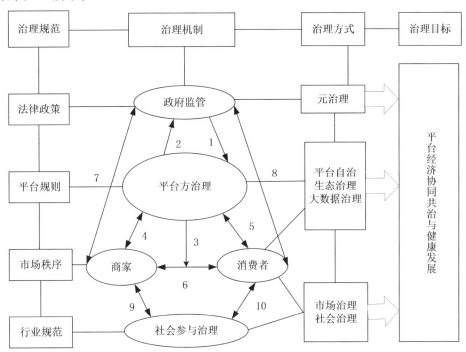

图 4-1　平台经济多元共治的协同治理框架体系

平台经济多元共治的协同治理框架体系主要面向政府、平台、消费者、供应商、行业组织等多个主体,构建由政府法律政策、平台规划、市场秩序、行业规范组成的治理规范。其中,政府通过法律监管和规制发挥着元治理的作用,约束其他主体的治理行为,对平台方进行平台规则审查与反垄断调查,同时平台方向政府提供平台自治规则与治理数据;平台方对用户交互行为进行实时监控与大数据治理;为确保入驻平台的商家的服务质量,平台方综合评估商家资格及信誉,同时商家对平台方进行双向的反馈与评价;政府与社会组织、商家之间以互动反馈、监督互评、行业自律、第三方专业评价等方式维护市场竞争机制,基于协同治理、精准治理、智能治理,最终实现平台经济协同治理。政府治理、市场治理、社会治理与平台方治理的有机结合,是发挥多元主体各自优势、参与平台经济治理的基本方式。

第二节 平台经济多元共治的协同治理逻辑

一、基于 SFIC 模型的平台经济协同逻辑

针对影响治理效果的因素,Ansell 和 Gash 构建了协同治理的权变模型,即 SFIC 模型。[①] SFIC 模型包含起始条件、催化领导、制度设计、协同过程 4 个变量。

SFIC 模型依托多领域案例的深入探究分析,筛选出特殊的干扰因素,在保障案例个体差异性的基础上拓展其适用性,从而被广泛应用于多领域的案例中。基于平台经济的治理制度缺失、组织碎片化、市场失灵、技术手段单一、金融风险及数据安全等问题,国内外学界从经济学、管理学、治理机制设计等维度探究了平台经济数字治理的多元路径。平台经济有效治理与规范发展需要多元主体协同参与,打破多元主体各自单独监督的局限和分散治理的困境。平台经济作为一种新生事物,在快速发展中带来的问题涉及多主体治理,需要构建政府部门、平台企业和社会公众等多领域协同治理模式,因此适用 SFIC 模型进行分析。本章构建基于 SFIC 模型的平台经济协同治理逻辑框架(见

---

① Ansell C., Gash A., Collaborative governance in theory and practice, Journal of Public Administration Research and Theory,2008,No. 4.

图4-2），设计协同机制，为实现协同机制核心，即"跨层级、跨地域、跨系统、跨部门、跨业务"的组织协同提供依据。

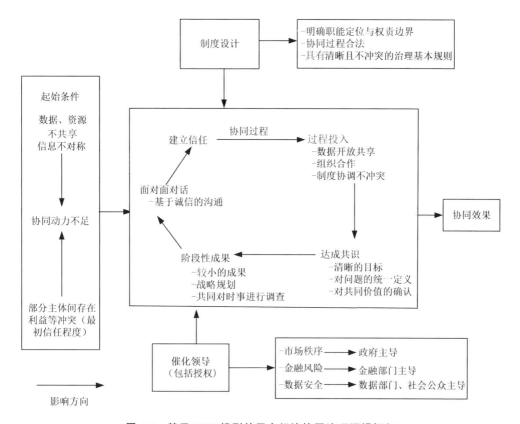

图4-2 基于SFIC模型的平台经济协同治理逻辑框架

（一）起始条件——信息不对称、协同动力不足、利益冲突

平台经济过程协同治理需面向多个不同角色主体，其中较为核心的主体需涉及政府部门、平台企业、行业组织和平台消费者等。首先，各参与主体间的权力、资源、信息均存在不对等情况。政府部门依靠其行政权力等，在权力和资源上占有优势；大型平台企业依托其技术及资本优势，在资源和数据上形成垄断；中小微平台企业因资源及能力所限，在竞争中缺乏话语权；平台消费者只能被动接受大型平台企业制定的服务规则。权力、资源和信息的不对称在一定程度上打消了中小微平台企业或平台消费者的协同参与积极性。此外，一些社会组织参与协同治理的积极性不高。

对于平台经济中的参与主体而言，资源、功能、所处地位、自身利益的差异也会导致主体间矛盾。一方面，同质性平台企业间为争夺消费群体及市场份额，在竞争过程中，占据较大市场份额且具有资本优势的平台企业，会选择以补贴、优惠券发放等多种形式来吸引用户。在这种消费者争夺的过程中，缺乏有力资金补贴的平台企业可能会失去竞争力，从而被迫退出市场。另一方面，平台企业为实现数据垄断，会采用多种方式获取消费者数据信息，从而出现多方利益冲突及安全问题。基于SFIC模型可知，当多个协同主体间因利益或其他因素产生冲突或矛盾时，会在一定程度上消解双方的信任，使得协同主体间缺乏协同的内在驱动力。此外，在平台经济发展过程中，无论是头部企业还是同质性中小平台企业，在优化自身营销策略以获得利润的同时，往往会忽略企业的社会责任，出现社会责任异化行为，公众与平台企业间缺乏合作的意愿及积极性。

■（二）催化领导——市场失灵、风险失控、数据失责问题下催化领导的主体

从根本上来说，平台经济衍生出来的各种垄断与竞争、数据安全、金融风险等问题是由市场失灵、风险失控、数据管理失责等问题导致的。对于市场失灵导致的社会问题，政府作为平台经济治理的核心主体，存在着催化作用发挥不足的问题。首先，从中央政府到各地方政府部门都意识到协同治理的重要性，因此在制定相关政策时，纷纷出台系列治理政策。但系列治理政策中涉及多主体间的权责不清问题，且治理方式相对单一和滞后，主要采用事后罚款等措施。风险失控、数据管理失责导致的问题不仅与政府主体有关，平台企业或行业协会等协同主体也存在催化作用发挥不足的问题。对于平台经济发展中出现的金融风险或数据泄露风险等，平台企业作为治理主体都应当承担重要的社会责任。平台企业应当进一步以技术手段来降低安全风险，也需要及时配合监管机构进行风险防控工作。此外，各主体对于社会参与的动员不够。政府、平台企业作为治理主体，需要发挥催化领导的角色，鼓励多方参与，激发协同精神。

■（三）制度设计——多元主体制度设计准则适应性不强、不够精准

在平台经济协同治理过程中，参与各方共同制定准则对于明确责任分工和维护协同过程合法性、制定清晰的基本准则以避免产生冲突十分重要。从立法层面的法律制度环境来看，《中华人民共和国电子商务法》规定了平台企业经

营准入制度，也要求平台经营者建立健全信用评价制度。2018年5月，国家发展改革委办公厅等发布《关于做好引导和规范共享经济健康良性发展有关工作的通知》，从治理机制、规范市场准入、信用体系建设、应急处置保障等方面引导平台企业进一步规范化发展。2019年8月，国务院办公厅发布《关于促进平台经济规范健康发展的指导意见》，推动建立健全适应平台经济发展特点的新型监管机制。然而，目前相关制度在实施过程中仍存在适应性不足、要求过于原则性而缺乏具体规定等问题。制度设计范围需要进一步调整。平台经济快速发展产生的新型商业模式，超出了已有制度监管的范围。精细化规则不够清晰。对于平台用户个人信息保护缺乏精细化的管理条例，对于平台大数据杀熟、平台垄断性定价、平台间串谋、平台用户信息泄露等缺乏有效约束，使得平台经济治理工作制度保障不足。因此，探究参与治理的多元主体制度设计准则，明确责任分工，维护协同过程合法性，制定清晰的基本规则以避免产生冲突，势在必行。

（四）协同过程——治理主体间缺乏深度、高效的沟通机制

基于SFIC模型形成了以面对面对话、建立信任、过程投入、达成共识和取得阶段性成果为主要环节的协同过程，五个主要环节动态循环，最终实现治理主体的有效协同。Ansell和Gash提出，良性的协同治理循环往往建立在信任、投入和共识不断深化的基础上，而信任、投入和共识的深化有赖于参与主体之间真诚的沟通。[①] 目前，平台经济各治理主体之间并未形成深度、高效的沟通机制，也未实现沟通的良性循环。在政府、平台企业、行业组织、资源提供者、消费者等多元治理主体中，缺乏一个可以面对面对话、建立信任的渠道或平台。尤其是消费者在面对大数据杀熟、"二选一"或个人信息泄露时，很难有畅通的渠道或平台帮助他们维护合法权益，这在一定程度上，使得消费者失去对治理主体的信任，也降低了他们参与协同治理的主观意愿和重视程度。因此，为了实现平台经济协同共治、提升治理效能，在多元主体协同治理过程中，应加强主体间的信任度，积极鼓励各主体参与协同，多次循环往复，实现治理目标。结合平台经济治理目前的实践来看，平台经济各主体在协同过程中信息沟通存在延迟或单向转输，信任度及多方共识水平有待提升，呈现的是以政府为主导的单一治理模式，构建良性协同治理循环仍面临诸多挑战。

---

① Ansell C., Gash A., Collaborative governance in theory and practice, Journal of Public Administration Research and Theory, 2008, No.4.

二、平台经济过程协同治理的路径选择

依据基于 SFIC 模型的平台经济协同治理逻辑框架中的起始条件、催化领导、制度设计,将平台经济协同治理划分为"市场秩序、金融风险、数据安全"三个目标维度,以探究通过治理目标驱动的过程协同路径。

(一)激励监督:平台经济过程协同治理的动力

目前,平台经济各主体间由于信息不对称、利益冲突等问题存在着明显的治理过程中主动参与性不足的问题。为此,首先,应提升各参与主体的治理意识,调动各主体的参与积极性。通过信息和资源的进一步共享,减轻由于信息不对称带来的焦虑。其次,应通过政策优惠来吸引平台企业自愿加入平台治理,增加宣传手段,采用新媒体等方式加大宣传力度,在社会上形成一定的舆论氛围,激发公众协同治理的热情;最后,应加强监督机制,政府可进一步加大监督力度,强化实时监管,以此保障治理主体的权益,也可提升平台企业的社会责任感,增强公众信任度。

(二)催化领导:平台经济过程协同治理的引领

为引领各主体积极参与协同治理,激发其协同意识,需明确催化领导的重要地位。在平台经济治理各主体间,应最大限度地落实政府的催化领导作用。首先,应进一步明确平台企业的主管部门,明确权限范围及责任,做到权责统一、分工明确。其次,应考虑平台企业跨区域-跨行业-跨部门的差异性特征来制定平台经济治理方案。应给予地方政府一定的自主权,结合行业特色、区域特点、平台发展情况等因素精准化、个性化制定解决方案。最后,政府部门应听取各方意见,协调各方利益,明确共同目标,进而充分动员社会力量广泛参与平台经济协同治理。

(三)制度保障:平台经济过程协同治理的基础

为加强协同治理的基础保障,应进一步明确平台经济治理制度的适应性和精准性。首先,应借鉴线下成熟的平台企业的标准及运营经验来制定治理政策,同时应结合地方实际情况制定符合未来发展规律与行业运行特色的平台经济标准,且需与已有政策相适应、协调。其次,考虑到平台经济的新模式与新业态,数字技术带来的快速发展,以及跨区域-跨行业-跨部门的差异性特征,

为提升政策的适应性，应结合具体场景案例设计精准化制度，以保障制度落地。最后，进一步强化制度设计的公开透明性。选取多样化的公众意见收集方式，广泛听取多主体对于制度的观点，并及时向公众反馈，保障公众的知情权。

（四）沟通共享：平台经济过程协同治理的核心

平台经济过程协同治理以政府、平台企业、行业组织和平台消费者等多元主体间信息的沟通共享为核心基础，公开、透明、顺畅的沟通方式有助于多方主体间的信任度及参与治理意愿的提升，从而进一步提升治理效率。数量庞大、需求多元的平台消费者作为服务需求方，顺畅的需求及利益表达可以使得平台企业或政府等主体更好地收集用户需求信息，优化服务质量，提升治理水平及效率。例如，为了广泛收集和挖掘消费者行为及偏好信息，让消费者更有意愿参与协同治理过程，可以选择便捷的公开方式，借助互联网、新媒体手段，提升对于治理问题的舆论影响力。在此过程中，政府可发挥催化领导作用，引导各方参与主体形成公开、透明、畅通的诉求反馈渠道，达成一致的治理目标及理念，促进协同治理高效运行。

第三节　平台经济多元共治的主体协同治理关系

平台经济多元共治的协同治理的有效实施是以多元治理主体角色界定为基础，以主体交叉关系建立为连接，以主体间有效良性互动为助力，最终实现平台经济多元协同共治的目标。因此，本书构建了以关系、互动与协同为基础结构的平台经济多元共治的主体协同治理理论分析框架，以节点、相互联结关系以及协同为核心要素构建该框架。具体而言，多个节点间在保持一定独立的基础上存在一定的关联，基于关联关系构建交叉网络体系结构。此外，网络结构内部多主体关系会随着主体环境呈动态变化、互动依存的特征。在互动过程中，多主体产生协同，助推多元主体协同效果提升。[①] 基于此，平台经济治理主体呈现出多元关联互动，构建具有多个节点的复杂网络结构，且在动态关联互动过程中实现协同治理。

平台经济多元主体关系、互动、协同模型如图4-3所示。

[①] 孙国强：《关系、互动与协同：网络组织的治理逻辑》，《中国工业经济》2003年第11期。

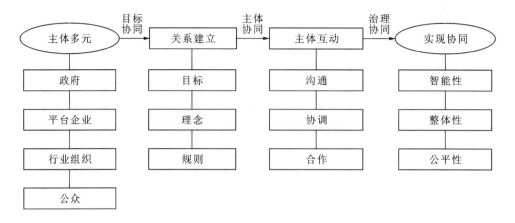

图 4-3 平台经济多元主体关系、互动、协同模型

一、主体多元：平台经济多元共治的主体角色

根据平台经济监管模式分类，总结平台经济分类监管的目标、范围和要求，基于合作治理理论，从利益相关者视角出发研究多元主体构成：政府、平台企业、行业组织和公众等。

（一）政府

政府作为提供公共服务和实施公共管理的重要机构，其基本职能是对组织制定的法律法规和公共政策，监督其顺利有效地执行，维护市场秩序，维护社会公平正义等。平台经济市场中，中央政府及地方政府（含各级立法、司法等机构）共同作为协同治理的主体，与平台企业等其他治理主体间应是平等、合作的关系。新公共服务理论强调政府应以公共协商的方式建立起关注民生利益和公共价值的行政活动。因此，在平台经济协同治理过程中，由于平台经济垄断性、金融风险、数据安全风险等导致的一系列问题，政府应当依托其强制力和约束力，如采用司法强制力和跨区域整合协调等工具，协调各方力量，确保各方利益。此外，在全面提升治理能力现代化的背景下，政府应当不断创新自身运行和服务方式，实现向多方治理的引导者、服务者角色转变，加强与各主体间的良性互动，扩大社会成员的知情权、参与权、监督权，共同实现协调治理的局面。

(二)平台企业

与传统企业相比,平台企业拥有海量资源及技术壁垒,使得政府作为监管主体具有较大的技术障碍和信息不对称。平台企业既是平台经济的主要参与者,也是平台经济协同治理的重要主体。一方面,平台企业自身的健康发展有利于助推平台经济的发展;另一方面,平台企业作为平台经济中的一员,健康、稳定的经济环境,为其发展壮大提供了坚实的环境基础。因此,为发挥平台企业在协同治理中的主体价值,需以企业自身的可持续发展为目标,协同内部各方关系;也需要与全产业链上各方企业进行协同,避免恶性竞争,保障市场有效发展,同时回应政府与消费者需求。

(三)行业组织

为了提升行业发展水平、增加行业企业利润,行业组织作为中介组织,通过制定一系列团体规则制度、行业自律标准等,引导行业企业加强对不正当竞争或扰乱市场秩序等行为的监管及评价;同时,通过与各主体的互动沟通传达行业企业观点及意见,在实现平台经济协同治理中起到重要的补充作用。

首先,行业组织作为政府职能的补充者和承接者,能够在有效帮助平台及政府降低治理成本的同时优化服务质量。如中国互联网协会、中国电子商务协会等,在规范行业企业行为、宣传贯彻法律法规、指导行业发展、制定行业标准、协调企业纠纷等方面发挥了重要的协同治理作用。其次,相较于政策制定滞后的政府主体而言,行业组织对于平台经济中不正当竞争及不合规现象的规范与处理,时效更及时、手段更温和。最后,行业组织作为中介组织,在畅通的渠道中收集公众对平台经济治理水平、服务质量的评价及反馈信息,并向政府、平台企业反馈,督促平台企业及时优化完善,提升治理水平。

(四)公众

平台经济背景下,越来越多的公众以"平台经济消费者"或"平台经济服务提供方"的身份参与到平台经济中来,不仅需要从企业中获得服务或维护消费者权益,也需要向平台企业提供资源或承担责任。如共享出行平台中,网约车司机是出行服务的提供者,也是出行平台的消费者。因此,公众应当作为平台治理的一员,与政府、企业等主体共同推动平台经济协同治理。

二、关系建立：平台经济多元共治的主体交叉关系

为确保及提升平台经济治理效能，政府、平台企业、行业组织、公众等多元主体间不应当是简单的关系相加，而应当建立良好的关系协同。平台经济多元主体在信任、公平的基础上，达成一致的治理目标、治理理念、治理逻辑，激发各主体协同治理意愿及参与积极性，充分发挥主体的资源、技术、市场地位等优势，形成相互依赖、协同共治的关系。

平台经济协同治理的目标是通过政府、平台企业、行业组织和公众等的积极参与和共同治理，发挥各主体在信息资源配置、利益协同、秩序维护等方面的优势，有效解决当前平台经济中垄断与不正当竞争、数据安全与合规、金融风险、社会责任异化等问题，形成平台经济个性化定制、链式服务、多元协同办公、智能化在线交易等新业态、新模式，助力数字经济深入渗透到传统产业中，从而达到提升平台经济数字治理能力现代化的目标，进而助推国家治理能力现代化。

平台经济协同治理的理念是基于公开公平公正、科学合理决策的原则，促进多元主体的公共利益和主体利益效用最大化目标的实现。在平台经济多元主体协同治理机制中，各主体积极参与平台经济协同治理的出发点源自对公共利益的认可和追求，而这也需要各主体达成一致观点。此外，平台经济各主体的自身发展与平台经济公共利益是否得到落实有关。因此，打造平台经济健康的生态环境，可以确保各主体能够公平地享受平台服务和产品，依托平台经济进行创新创业，平等地获得平台经济的红利。平台经济治理的法治化理念应围绕平台经济治理需求，加快相关法律法规建设，构建完善的治理制度体系，通过规范制度来约束和引导企业及公众行为。平台经济治理的科学化理念需要依托数字技术创新优势，优化平台经济治理手段，将事后保障治理前移至事前预警、事中监控的全生命周期治理。

平台经济多元主体协同治理规则是在遵循促进创新、包容审慎、底线监管、主体公平的基本原则下，强调政府、平台企业、社会组织和公众等主体均按照一定的行为准则，自觉履行平台经济治理的相关义务，共同构建起多元主体的依赖关系和合作秩序。在明确了平台经济协同治理的共同目标、治理理念和治理规则的基础上，构建稳定、健康、双向发展的网络结构，不仅能保障平台经济各主体的沟通与合作渠道，还能在资源全面整合和主体优势互补的基础上，促进多元主体合作。

三、主体互动：平台经济多元共治的主体职责

平台经济各主体之间有效的互动，在明确多元共治的各主体职责的过程中，推动各主体之间的双向合作，助推平台经济多元主体协同治理模式从关系建立层面上升到协同共治层面。在互动过程中，政府、平台企业、行业组织和公众相互协调配合，提升各主体对其他各方在平台经济治理中的资源优势和行动优势的认知，从而达到通过职责分配及功能互补来实现协同共治的目标。

平台经济各主体之间的互动程度可决定主体间的功能互补程度，互动程度由浅至深可分为沟通、协调和合作三个层次。①

平台经济各主体之间为确保信息互通而进行的基础互动行为即沟通，各主体通过沟通可进一步消解由于信息、资源不对称或数据权属而导致的信息交流障碍。

主体间沟通交流可确保整个平台治理系统实时追踪治理进展，识别数据真实性及来源，降低信息不对称、信息更新不及时产生的安全风险，也可避免因不实信息引发消极舆论甚至导致平台经济治理突发事件，影响平台企业或相关主体利益。

协调是各主体间在相互沟通的基础上实施的深入互动行为。在平台经济治理过程中，由于资源的有限性，单个治理主体无法掌握整个治理系统的全部资源或信息，各主体之间的协调效率及程度直接影响到平台各主体间的资源分配效率，有效的协调关系，可以提高治理效率、降低治理成本。为实现平台经济各主体间的深度互动，通常会采取合作方式，实现各主体行为、资源优势的拓展与补充。平台经济治理决策者可以根据主体特征及多主体间的合作关系，将治理的业务流程按照行业画像分配最优行动主体，基于精准的治理信息，提高治理的效率和效果。

对各主体而言，政府在互动关系中承担着元治理的职责，通过加强对相关政策的制定，完善相关的法律规范和制度环境，创新政策体系，以及加强政策宣传等手段，实现其职责。而平台企业主要是以自我规制来承担其在平台经济中的治理职责，具体而言，拥有技术和数据优势的平台企业应当通过自我规制来实现平台经济治理，自觉承担自我规制的义务，通过与用户签订相关服务协议来实现双方的权益保障；行业组织和公民则以共治的职能责任加入平台经济

---

① 周毅、孙帅等：《政府信息资源管理研究：视域及主题深化》，复旦大学出版社2015年版。

治理，充分发挥行业组织和公民的协调功能及监督作用，共同构建安全、稳定、可靠、有序的平台经济发展环境。

四、实现协同：平台经济多元共治的主体协同治理

平台经济多元主体治理的协同是面向政府、平台企业、行业组织和公众，基于科学、公平、信任，通过沟通、协调、合作逐级递进的互动方式，

深入挖掘平台数据、技术、算法等资源，优化主体行为，实施优势互补，共同致力于平台经济治理的智能性、整体性和公平性，最终实现平台经济健康发展的目标。此外，协同治理在打破平台经济时空边界的基础上拓展了各主体的资源优势及功能特征，使得平台经济治理效果叠加递增，促使平台经济各主体有意愿保持互动合作、有序沟通的共同治理，最终提升平台主体利益，实现治理效用最大化。

本 章 小 结

本章面向平台经济多元共治实践中的组织碎片、数据孤岛、政策冲突等问题，从市场秩序、数据安全、金融风险三个维度，设计三个维度治理目标的协同机制；基于 SFIC 模型构建平台经济协同治理框架，设计平台经济协同治理机制；研究平台经济多元共治的主体构成、交叉关系和职能责任，设计协同治理的组织机制；厘清多元共治协同治理与数据协同之间的逻辑关系，构建平台经济多元共治数据协同治理链，形成数据开放共享的信息协同机制，通过平台经济多元共治的过程、组织、数据协同，共同构建全域协同治理机制。

第五章

技术逻辑：平台经济全程智能治理系统设计

"互联网+"环境下，受传统治理的效率较低、被动治理、治理工具单一且滞后等问题的影响，平台经济治理面临隐性成本偏高、无法有效提升治理水平与降低风险等困境。作为平台赋能的关键变量，平台治理需要良好的技术结构做保障，有效的平台技术结构与治理技术是降低平台治理复杂性、防止平台异化的重要基础。

仅靠制度、规范、法律本身，很多平台问题是无法有效解决的，需要通过区块链、人工智能、大数据等技术的作用，为平台搭建卓越的技术架构，协调多层次平台主体和多维度治理体系，构建智能治理体系，进行分布式、系统化治理。构建平台数据开放共享和监管机制；强化数据、算力、算法、仿真等治理技术的作用，发现平台运行过程中存在的各种问题，及时做出应对；完善平台数据权属界定、开放共享等标准与监管机制；有效监管平台异化行为的隐私性和独占性；通过数据分析构建风险检测和预警系统，增强平台治理的针对性和实效性。

在大数据时代，唯有摆脱传统治理模式，转而采用"让数据说话、用数据决策、靠数据管理"的大数据智能治理模式，遵循"以网治网、以数治数、以智治智"的思路，充分发挥数字技术作用，才能使平台经济的治理决策更加精准化和智能化。[①] 本章基于数字治理理论，研究数据赋能的智能治理需求及目标，为全程智能治理体系的构建指明根本方向；面向智能治理数据赋能、技术驱动、系统协同、服务优化等核心目标，分析多元主体共建共治共享背景下治理数据采集维度、数据产权、数据共享意愿及治理方法，为全程智能治理体系

---

① 刘建义：《大数据驱动政府监管方式创新的向度》，《行政论坛》2019年第5期。

的构建提供可信数据基础；基于智能治理需求，探讨物联网、云计算、区块链、大数据等数字技术应用于平台经济数字治理的典型场景或应用模式，分析如何运用数字技术驱动智能决策，实现智能治理的主动化和精准化；从智能治理需求出发整合数据和业务，建立集"精准适配、态势感知、风险预警、决策支持、协同治理、全程追踪"等功能于一体的多角色、自组织、强协作的平台治理系统运作逻辑，构建平台经济全程智能治理全域系统设计框架，如图5-1所示。同时，设计系统自适应优化机制，基于"技术、业务、数据"三融合，实现平台经济精准、科学、高效、前瞻型智能治理。

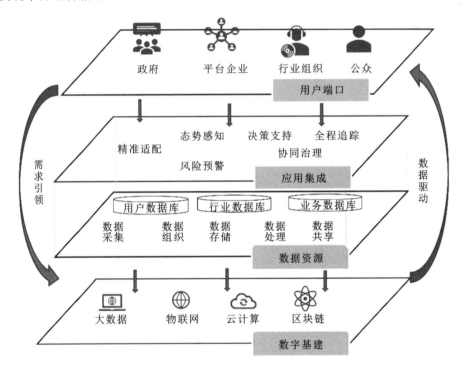

图5-1 平台经济全程智能治理全域系统设计框架

第一节 平台经济全程智能治理的需求与目标

一、平台经济全程智能治理的内涵

平台经济全程智能治理明确数字化、信息化、智能化对平台经济治理带来的影响，是一种以数据驱动和数字技术为手段、针对当今多元风险社会的社会性治理、具有复合性与整体性特点的平台经济治理思路，主要通过技术变革来推动平台经济的治理变革，意在针对跨区域-跨行业平台行为特点，构建"安全、效率、公平"三位一体的平台经济。本书所指的"数据"并不仅仅指代大数据或数字技术，而是依托数据及移动互联网、云计算、人工智能等形成的算法和数据基础，通过数据驱动，促进平台经济数字治理高效发展。

与传统的平台治理模式相比，平台经济全程智能治理充分整合了新兴数字技术和平台治理各自的优势，具有平台治理的现代化、技术化、整体化特征，在二者整合的基础上有利于平台治理对象精准化、治理主体多元化、服务项目科学合理化等。由于全程智能治理模式相较于传统治理模式的复杂性和综合性，在开展平台经济全程智能治理变革的过程中需要注意站在全局视角，把握治理、技术和社会间的多重逻辑关系，从而实现三者的长期可持续发展，推动平台治理模式的健康、可持续发展。

平台经济全程智能治理需要整合生产、交易、消费、评价等各业务环节数据。以数据生命周期各环节为切入点，明确以政府、平台企业、行业组织、公众等为主体的数据来源，采集跨层级、跨地域、跨系统、跨部门、跨业务的多源异构数据，精准识别分类分级的平台经济业务行为模式及态势感知，实施精准适配、风险预警、决策支持、协同治理、全程追踪等多重功能集成，为平台经济数字治理提供整体设计思路，最终形成由数字技术驱动、以业务流程再造为整体运作逻辑的平台治理系统。

二、平台经济全程智能治理的需求

"互联网＋"环境下，平台经济的创新发展过程中产生了大量数据，也对平台经济治理提出了新的治理需求。随着我国"互联网＋"的迅猛发展，智能治理对实现我国国家治理体系和治理能力现代化的重要作用日益凸显，运用物联网、大数据、人工智能等数字技术提升市场治理效能，将成为一项重要模式。智能治理是指在政府社会治理事件中，推动治理方式和手段的智能化，实现治理的精细化、个性化和智能化的一系列治理行为和过程的总和。[①]

结合平台治理数字化、感知性、互动性、无界性和智慧化等五大核心属性，结合平台经济数字治理"安全、效率、公平"的目标，从业务需求和功能

---

① 颜佳华、王张华：《数字治理、数据治理、智能治理与智慧治理概念及其关系辨析》，《湘潭大学学报（哲学社会科学版）》2019年第5期。

需求的角度，依托数据治理（数据来源、数据模型、数据共享等）及技术治理满足平台经济全程智能治理的需求。

三、平台经济全程智能治理的目标

基于平台经济全程智能治理的内涵与需求，遵照平台经济治理的信息化、数字化、智能化原则，实现平台经济全程智能治理的根本目标，即利用数字技术，通过互联化、物联化、感知化、智能化手段，构建平台经济智能治理体系，以更好地适应数据赋能、技术驱动、系统协同、服务优化的治理目标，提高全社会资源配置效率，为实现平台经济全程智能治理提供有效前提和治理行为依据，提高国家治理的智能化、全域化、个性化、精细化水平。

第二节 平台经济全程智能治理的多源数据基础

数据已成为平台竞争的关键要素[1]，数据资源的积累有助于市场主体获得竞争优势，因此关注市场主体所拥有数据的维度和治理问题对于智能治理至关重要。[2] 多元主体共治实践仍然没有直面"互联网＋"背景下平台带来的数据治理问题：一方面，多源数据具有规模庞大、来源多样、结构迥异、实时变化等特征[3]；另一方面，数据产权归属、数据失真、数据隐私侵权、拒绝分享以及数据滥用问题等也对数字治理系统的运行提出了挑战[4]。现有的数字治理系统多由政府部门单一主体开发，而由于政府部门与社会主体之间存在信息壁垒，各主体的数据并未充分共享[5]，因此政府不能完全发挥其治理职能。在数据收集、存储、使用、传输、共享、交易、备份、删除等过程中，形成数据保护、共享、确权、安全，并充分发挥数据价值的动态过程，变得尤为重要。

---

[1] 孙晋、万召宗：《滥用市场支配地位侵犯隐私行为的反垄断法规制》，《财经法学》2021年第5期。

[2] 谢富胜、吴越、王生升：《平台经济全球化的政治经济学分析》，《中国社会科学》2019年第12期。

[3] 刘建义：《大数据驱动政府监管方式创新的向度》，《行政论坛》2019年第5期。

[4] 孙友晋、王思轩：《数字金融的技术治理：风险、挑战与监管机制创新——以基于区块链的非中心结算体系为例》，《电子政务》2020年第11期。

[5] 陈兵：《因应超级平台对反垄断法规制的挑战》，《法学》2020年第2期。

数据治理框架主要包括基本概念的分析及相关概念间的逻辑关系，其目的在于为实现数据治理提供理论基础。学术界目前对于数据治理的研究成果十分丰富，可以从横向和纵向两个视角来看目前学界的相关研究。首先，从横向视角看，学界认为，随着平台数据治理框架的不断扩大及相关治理要素的不断增多，要构建理想的数据治理框架，应抓住问题的本源即数据自身来研究平台数据治理的框架问题[1]，同时要关注复杂多元的数据治理要素，既要关注传统的组织结构与规则标准等基础保障层面，又要关注智能治理中的技术支持等支撑层面[2]，政府也要充分发挥高效协调数据、服务、技术、人才等新治理资源的优势，集中各类资源，满足社会不断变化的治理需求[3]。其次，从纵向视角看，数据治理框架与要素的厚度也在发生变化，如治理主体层面不仅对公共部门的治理透明度提出了要求，还要求满足公众期望和外部主体监督的需求[4]，组织机构性质也变得多样，政府、公共部门、私营部门各方力量都在其中发挥作用[5]。无论哪个领域的大数据治理，治理目标、治理主体、治理客体、治理工具等都是数据治理框架的构成要素。学界在分析各分散要素的基础上，提出了如 BDAS 数据治理框架[6]等系统性数据治理框架。但共享经济平台的数据治理不能将平台与数据治理分裂开来，即共享经济平台的数据治理最终是要实现数据、平台与经济的生态治理。因此，数据治理既要关注宏观框架与机制层面的创新[7]，又要考虑体系搭建过程中的各种微观要素。作为一项系统工程，政府数据治理面临不同的任务与要求。本章从数据组织融合视角出发，结合平

---

[1] 顾立平：《数据治理——图书馆事业的发展机遇》，《中国图书馆学报》2016 年第 5 期。

[2] 尧淦、夏志杰：《政府大数据治理体系下的实践研究——基于上海、北京、深圳的比较分析》，《情报资料工作》2020 年第 1 期。

[3] Janowski T., Estevez E., Baguma R., Platform governance for sustainable development: reshaping citizen—administration relationships in the digital age, Government Information Quarterly, 2018, No. 4.

[4] Thompson N., Ravindran R., Nicosia S., Government data does not mean data governance: lessons learned from a public sector application audit, Government information quarterly, 2015, No. 3.

[5] Klievink B., Bharosa N., Tan Y. H., The collaborative realization of public values and business goals: governance and infrastructure of public-private information platforms, Government Information Quarterly, 2016, Vol. 33, No. 1..

[6] Janssen M., Brous P., Estevez E., et al. Data governance: organizing data for trustworthy artificial intelligence, Government Information Quarterly, 2020, No. 3.

[7] Meijer A., E-governance innovation: barriers and strategies, Government Information Quarterly, 2015, Vol. 32, No. 2.

台经济数据治理过程中面临的主要问题与需求分析，基于生命周期理论梳理数据治理各阶段的任务与流程，构建如图5-2所示的平台经济数据治理框架。

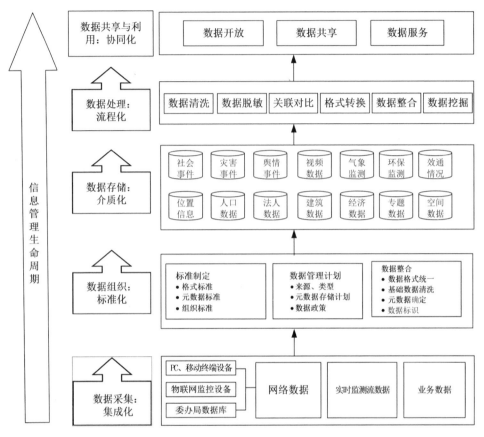

图 5-2 基于生命周期理论的平台经济数据治理框架

一、数据采集：平台经济多源数据集成化治理

数据采集是指利用一种装置从系统外部获得数据或信息并输入系统内部的一种手段或过程。随着现代信息技术的快速发展，数据采集已被普遍运用于互联网及各个领域。采集的数据具有全面性、多维性和高效性三个明显优势特征。首先，采集的数据是能够涵盖各个方面、优质的、能够满足相关分析需求的有价值的数据；其次，采集的数据是类型多样的、灵活的、能够快速自定义其类型从而满足多元化需求的数据；最后，采集的数据能及时、高效地满足数据分析需求与应用需求。根据平台经济行业全息画像描述模型及多元主体共建共享共治信息协同需求，考虑金融、社交、出行、租赁等典型行业平台数据，

整合包括生产、交易、消费、评价等各业务环节数据，明确以政府、平台企业、社会组织、公众及服务提供者等为主体的数据来源，实现对跨层级、跨地域、跨系统、跨部门、跨业务的多源异构数据的采集。

（一）数据采集维度及来源

根据平台经济中数据所反映的经济活动内容及平台经济数据治理需求，可将数据采集维度及来源分为数据要素维度和数据主体维度。

1. 数据要素维度

其一，政务数据，是政府掌握所有权和审核权，数据运营管理平台受政府委托进行数据治理、数据资产化和价值化的数据。如涉及平台经济数字治理过程中的交通、医疗、就业、科技、资源、安全监管、金融、统计、企业登记监管等相关领域的政务数据，以及市场关注度、需求度较高的政务数据，是实施平台经济监管或治理的重要数据来源。其二，平台企业相关数据。一部分是由政府收集的企业或产业数据，这类数据直接影响企业安全，集中反映企业核心运营轨迹，应建立由政府出资运营的国有独资数据运营管理公司，对企业相关政务数据进行管理，对相关数据进行统一的存储、管理和分析，在此基础上及统一口径下，符合政府相关规定资质的市场主体可以获得其提供的相关数据服务。另一部分是存于企业内部的衍生数据，即用户在平台上的各类使用痕迹的相关信息被平台以文本、混合数据的形式存储下来，形成的使用数据，平台可以整合此类数据从而生成用户画像，为用户提供个性化服务，这有助于实现用户行为数据的共享性与价值性特征。平台通过人工和推荐算法技术，把平台中的图像、文本、音频等内容信息根据其特征提取出来，在此基础上，应用分布式深度学习和多模态异构平台对相关内容数据进行分析。内容数据是平台的知识产权，属于平台的核心资源，具有数据垄断性。但平台作为数据的承载者，需要实现数据的流通和共享，因此产生数据传播性特征。业务数据反映的是平台经济情况，其为平台企业的决策提供支撑信息，是各平台企业的关键性、竞争性资源。用数据分析消费行为，可有效探究市场经济规律，为企业运营、相关生态企业发展、政府产业发展提供有效的数据支持。

2. 数据主体维度

数字经济的多个环节和多个市场主体构成了数据的全生命周期，本书按照数据流动环节划分数据元素类型和数据市场角色，并结合数据市场化运营实践的可能形式进行探究。数据生态系统主要涉及五种角色：数据提供者、数据需求者、数据运营平台、生态技术服务商、平台监管者。具体来说，数据提供者是指享有数据所有权并为数据运营平台提供合法数据来源的自然人或法人。数据需求者是指经过平台审核后申请平台数据产品并按照规定用途使用数据的产业用户，其中也包括具备开发能力、利用数据运营平台提供的数据资源与算力资源进行研发以满足自身产业需求的产业用户，以及自身不具备开发能力的产业用户。数据运营平台是指按照统一的规章制度与标准体系，负责数据封装和数据产品运营的主体。为了数据价值流程有效进行，应建立数据安全实验室，利用隐私计算等技术，在封闭的物理环境和网络环境下实现安全运行。生态技术服务商是指利用数据运营平台提供的数据资源与算力资源，满足来自不具备开发能力的产业用户的数据众包需求的技术服务商。在该角色提供服务之前，必须先申请入驻数据运营平台，在平台上进行任务承接。平台监管者是指依法对数据运营平台进行监管的政府相关部门或其他主体。总体来看，数据供给侧、数据运营平台和数据需求侧三者的关系可总结如下：数据运营平台为各方的联系提供了平台基础，数据需求侧通过平台将自身的需求传递给数据供给侧。

（二）数据采集类型及特征

首先，从平台经济数据治理的视角来看，数据既是信息中的重要一环，又是数据治理的重要因素。数据治理是平台经济可持续发展和数字时代的必然要求及具体治理形态。其次，从平台经济数字技术治理的视角来看，利用新兴技术推动技术系统的完善，有利于平台经济的数字化发展和转型升级、提升数字化治理水平，解决一系列治理问题。最后，从平台经济数字衍生物治理的维度来看，人是平台数据治理的重要因素，人的传统生产活动与数字技术社会之间会产生一系列矛盾与冲突，因此，要以"人"的相关生产活动为中心构建新的数字社会系统，应对这一系列文化价值矛盾与冲突。目前国家层面对平台数字经济相关议题的高度重视为数字经济的发展提供了重要支撑和发展机遇，基于此，以国家相关宏观政策和理论为指导，建立并不断发展与完善平台经济中的数字框架。

1. 数据

数据是新时代大数据背景下的重要生产要素，也是当前社会开展数字治理的基石。在平台经济市场化运营中，对与数据这一重要生产要素相关的所有权利与义务进行界定，对数据的来源、所有权与使用权进行明晰，有利于对数据进行有效监管，对相关信息内容和信息安全进行高效保护。数据要素在平台经济中具有虚拟性、可交易性、跨界流动性和数据价值四个特征。虚拟性是指实际的经济活动在平台中表现为虚拟的电子化数据，在虚实活动不断交替的过程中可以找到数字经济的发展规律。可交易性是指数据可以在数据市场中进行交易，但要注意建立完备的交易规则和完善的数据交易市场，对数据要素交易实施标准化管理。跨界流动性是指数据要素在活动过程中具有跨行业、跨地区的流动性，因此数据治理中需要政府的跨部门合作，对数据要素的规范使用建立规则并进行综合性监管，减少数据泄露、数据归属不明确、数据流通不规范带来的负外部性。数据价值是指数字技术为数据要素带来的各种价值。

2. 数字技术

数字技术是包含大数据、云计算、人工智能等在内的多种现代信息技术的总称。首先，数字技术的发展扩展了数据使用主体的多种权限，在数据共享与互动及其相关业务活动方面实现了增权与赋能的目标。其次，数字技术多行业合作的优势有利于实现跨行业、跨部门的互联与融通。最后，数字技术的不断发展及在数据采集侧的突破，既有利于提升数据质量，又可实现高质量的存储数据对于交易场景的重构，这对于监管质量的提升、平台风险的降低和平台附加值的提升具有重要意义。

3. 数字衍生物

数字衍生物是平台经济发展过程中伴随着数据要素和数字技术的发展形成的相关文化、习惯、观念等。它是数据治理新的重要领域，也是平台经济背景下数据治理的重要组成部分，其具体表现为软文化对多元数据治理主体的影响。比如，各类电商平台赋予各种节日新内涵以引导消费。但是，在平台经济发展过程中要看到数字衍生物的双刃性，在利用数字衍生物为平台发展获取生存发展空间的同时，也要注意承担相应社会责任，以通过数字衍生物开展公益计划等方式解决相关的社会问题，同时利用平台优势弘扬正能量、引导公众行为、提升广大人民群众的数据素养。

因此，平台经济数据治理要整合数据、数字技术、数字衍生物等核心数据要素，在数据治理框架指导下，找到平台经济数据治理的具体路径，提升平台经济数据治理的质量和效率。

二、数据组织：平台经济多源数据标准化治理

平台经济多源数据通常跨领域、跨部门，具有多源异构的特征①，因此需要对平台经济多源数据进行有序组织与管理。

第一，标准制定。因多源异构特征，平台数据往往涉及不同行业、不同企业、不同部门、不同消费者等，所以构建平台经济数据标准具有重要意义。首先，明确平台经济数据格式，尽量用机器可处理的和非专有格式进行数据发布，并将非结构化数据转化为机器可读数据。② 其次，构建平台经济数据的元数据标准与规范，具体包括构建符合需求的元数据体系、明确元数据格式、使用受控词表、发布结构指南、构建国家标准及其映射等。最后，构建数据组织标准，从数据采集、组织、存储、处理、共享与利用等方面对组织标准进行规范和管理。

第二，数据管理计划。参照国内外数据管理实践，从全生命周期的角度对平台的数据采集、组织、存储、处理及共享利用进行数据管理计划构建并实施③，提升平台经济数据管理质量与效率；实施全面数据管理计划，具体包括对数据组织制定指导手册、构建流程及对收集的数据开展评估等。

第三，数据整合。数据整合的目的在于把不同来源的数据进行整理、清洗后，转化为新的数据源，为进一步进行数据存储与分析做准备。数据整合主要包括：统一数据格式，主要是统一非结构化数据格式，以实现数据的统一存储与分析；对数据进行初步清洗，在进行数据分析与可视化前期，通过迁移、压缩、打散等方式进行数据处理；基于元数据标准与政策，实施元数据制定与管理；数据整合的最终目的是实现数据精准化与智能化，因此需要构建数据标识，为精准化、智能化提供技术基础与保障。

三、数据存储：平台经济多源数据治理媒介化

数据存储工作是平台经济数据治理的基础工作，它发生在数据采集与数

---

① 马广惠、安小米、宋懿：《业务驱动的政府大数据平台数据治理》，《情报资料工作》2018年第1期。

② 黄如花、温芳芳：《在开放政府数据条件下如何规范政府数据——从国际开放定义和开放政府数据原则谈起》，《情报理论与实践》2018年第9期。

③ 李伟绵、崔宇红：《研究数据管理生命周期模型及在服务评估中的应用》，《情报理论与实践》2015年第9期。

据组织之后。只有在对所有平台数据进行有效、完整存储的基础上，才能实现后续的数据处理、数据共享和数据使用。传统的数据存储处理方式，已难以适应平台经济背景下海量的各类非结构化数据和半结构化数据的存储需求及后续的数据交叉分析和深度挖掘需求。新的数据存储需求对数据存储技术提出了新的挑战，目前数据存储技术主要包括 MPP 数据库架构、Hadoop 技术扩展与封装、一体机技术等。基础库、关联库、专题库、管理库等多种数据库和对应的不同管理标准满足了平台经济背景下的多样化数据存储需求，数据来源决定了数据存储的子数据库。来自 PC 以及移动设备终端的网络数据，通常以社会事件、灾害事件、空间数据等子数据库的形式进行存储，相较于传统数据，这类数据以非结构化数据和三维立体空间数据为主。来自物联网监控设备获得的各类实时监测数据，一般以实时监测数据为主，以视频数据、环保监测数据等子数据库形式存储。来自平台经济各项业务的数据，一般以专题数据、经济数据等子数据库[①]形式存储。

四、数据处理：平台经济多源数据治理流程化

数据处理旨在从数量庞大、毫无规则的数据中选出符合数据使用主体需求的数据，主要包括数据清洗、数据脱敏、数据关联对比以及数据格式转换、数据整合与数据挖掘。

第一，数据清洗。在数据开放背景下，平台经济数据共享与利用的基础工作是数据清洗。大数据具有数量大、种类多、速度快、价值高[②]等特征，多维度的数据中难免会出现不合适的、较为粗糙的数据。实现粗糙数据的"净化"，是数据清洗的主要任务。只有高质量的数据才能发挥数据的价值，提升数据治理的水平。因此，数据清洗的最终目标就是要实现数据质量的提升。

第二，数据脱敏。大数据的发展，实现了用户精准定位，实施了全方位的商业价值挖掘，同时也带来了隐私安全问题。平台数据目前具有较大的开放性，但在开放的过程中个人隐私保护问题也不容忽视，因此对平台数据进行脱敏成为实施隐私保护的关键。要建立科学、严格、规范的数据审查标准和数据

---

① 唐长乐、王春迎：《基于政务云数据中心的政府数据开放共享服务集成平台研究》，《情报资料工作》2017 年第 5 期。

② 蒋勋、刘喜文：《大数据环境下面向知识服务的数据清洗研究》，《图书与情报》2013 年第 5 期。

脱敏处理程序，对隐私数据进行数据变形，从而达到数据脱敏后安全使用的目的。①

第三，数据关联对比。在平台数据开放背景下，各类用户自由使用平台经济数据只是基本要求，更重要的是发挥这些平台经济数据的价值。目前来看，跨行业、跨部门数据之间缺乏对比和关联性分析，导致很多数据的开放失去了其原有的价值，因此要发现并建立跨行业、跨部门数据之间的关系，形成综合性的数据网络，才能充分发挥数据的价值。在对各类数据对比联系的基础上，解决数据孤岛问题，推动数据深度挖掘，实现政府数据智能化、自动化挖掘，建立多源对比联系的智能数据库。②

第四，数据格式转换、数据整合与数据挖掘。这是对数量大、种类多、速度快、价值高的平台经济数据提出的个性化分析，通过转化统一标准格式、整合多源异构数据、实施数据价值深度挖掘，才能实现数据价值的高效处理。③

五、数据共享与利用：平台经济多源数据治理协同化

平台经济多源采集与保存的数据就在现实的社会经济生活中，平台经济通过开放多源数据，不仅对社会具有"有数据可依"的作用，也有利于社会进行数据的增值利用与创新，实现数据的公共价值，推动经济社会发展。④平台经济多源数据共享，是对多源数据的有效整合，从不同领域整合异构数据，降低数据收集与验证成本，提升决策透明度，促进平台经济治理效能的提升。⑤数据共享的优势在于降低数据收集中二次收集的成本，提高平台经济的服务能力和决策透明度。平台经济多源数据的开放不仅强调数据的公开与获取，数据利用才是最终目标。对数据开放进行标准化、规范化的规定，意在提高数据的价值创造性。作为较大的数据生产者与收集者，政府拥有海量数据，这些数据的

---

① 黄如花、刘龙：《我国政府数据开放中的个人隐私保护问题与对策》，《图书馆》2017年第10期。

② 赵龙文、潘卓齐：《关联数据维护中的变更通知描述方法研究——以关联开放政府数据为例》，《图书馆学研究》2018年第23期。

③ 吴丹、刘子君：《大数据视角下的智慧信息服务：应用实践与未来趋势》，《信息资源管理学报》2018年第2期。

④ 郑磊：《开放政府数据研究：概念辨析、关键因素及其互动关系》，《中国行政管理》2015年第11期。

⑤ 刘晓娟、黄海晶、张晓梅、宰冰欣：《智慧城市建设中的数据开放、共享与利用》，《电子政务》2016年第3期。

有效管理，有助于增强政策制定的科学性，促进公众、企业等参与公共事务，为社会提供创新服务。

第三节 平台经济全程智能治理的数字技术驱动机制

数字技术驱动机制侧重于数字技术的运用对平台经济智能治理的促进和推动作用。数据协同是实现平台经济多元主体协同共治的信息支撑。通过数据协同，政府、平台企业、社会组织、公众对信息和数据的需求得到有效满足，可以减轻平台经济各主体之间的信息鸿沟。① 数据协同治理是实现企业管理数据的一致性、易用性、安全性和可用性的过程。② 实现平台经济数据的多元共治，需要政府、平台、社会组织、企业和公众等不同治理主体之间的利益协调、协商合作和相互信任，而治理机制是实现该目标的关键要素。③ 因而，挖掘出数据协同治理的实现路径，基于区块链理论构建平台经济多元共治数据协同治理链模型，形成数据开放共享的信息协同机制，有助于实现治理实践中多元共治的最大协同效应。

一、物联网实现泛在智能感知

物联网技术建立在互联网、5G等网络技术基础上，将各类传感设备与网络结合起来，集成网络与物、物与物的广泛联结，在智慧交通、智慧物流、智能家居等各个领域实现对物品和过程的泛在感知、识别等。典型的共享平台，如共享交通出行平台、工业互联网平台等，均采用物联网技术，以实现平台治理全过程中人、事、物的动态精准管理和智能控制。在平台经济发展过程中，治理主体需广泛应用物联网技术，采集、感知、识别各主体信息、行为状态或平台运行情况，整合多源数据，剖析平台中各主体运行状态，并进行智能化、数字化、精准化的感知、定位、控制等，提升平台精准管理和智能控制水平，

---

① 洪伟达、马海群：《我国政府数据治理协同机制的对策研究》，《图书馆学研究》2019年第19期。

② Cheong L. K., Chang V., The need for data governance: a case study, ACIS 2007 Proceedings.

③ 梁宇、郑易平：《我国政府数据协同治理的困境及应对研究》，《情报杂志》2021年第9期。

为平台经济智能治理提供感知、认识和行动支撑。①

然而，在平台经济全程智能治理的数字技术中，不只采用某一种技术，而是需要依托多项数字技术共同赋能，如物联网云平台，即在底层的基础设施服务（IaaS层）上应用平台服务PaaS软件，实现物联网平台与云计算服务的结合，底层基础设施服务连接各种物联网终端设备用于采集、汇聚各类数据，平台层提供应用开发拓展的接口和共性模块，最后以软件服务形式向终端用户提供可视化的数据分析服务，便于平台治理主体进行科学、高效的决策。

基于云计算的物联网平台，通过协调汇聚海量多源异构的数据资源，形成高效、易扩展的平台生态，是物联网体系的核心枢纽，也进一步促进物联网产业价值延伸。平台经济数字治理过程中运用物联网云平台连接跨部门、跨行业的海量设备及数据资源，随着资源的沉淀累积，云平台分析能力得到提升，可应用的平台行业类型、应用场景也逐渐增加，其在平台治理中的价值也得到提升。在搭建平台经济全程智能治理系统架构中，将物联网云平台用于向下连接底层智能基础设施，向上对接应用层面，将数据向下游应用赋能，从而实现上游终端至下游用户数据价值的提升。具体而言，物联网云平台主要由四类子平台构成：一是客观跨部门、跨行业、跨业务海量异构设备接入的连接管理平台，以此实现多源异构数据的采集；二是对多源设备进行统一管理、控制及实施固件升级等的设备管控平台；三是面向采集的多源设备数据搭建数据开发工具与环境的应用使能平台；四是通过分析共享多源数据，为治理主体提供科学决策服务的业务分析平台。这四类子平台共同构建面向治理主体决策需求的物联网云平台。

二、云计算增强数据存储集成

云计算以虚拟化技术为核心，通过互联网以易扩展的方式，将分布式计算、并行计算、网络存储、虚拟化、负载均衡等技术整合，形成数据资源池，为用户提供服务交付和使用模式。云计算技术具有处理海量数据，运算速度快、无须前期投资、按需使用等优势，当发生高负载突变弹性业务需求时，也可灵活部署负载分担和虚拟机来应对。在平台经济数字治理中，面临多源异构海量数据采集挖掘、智能处理等需求，对于数据存储、运算能力的要求较高，且多系统平台、存储平台和数据结构的交叉重合，对于面向平台治理的海量数

---

① 顾丽梅、李欢欢、张扬：《城市数字化转型的挑战与优化路径研究——以上海市为例》，《西安交通大学学报（社会科学版）》2022年第3期。

据及复杂业务流程,急需应用云计算技术。

云计算平台的系统架构主要由资源层、虚拟层、应用管理层、业务层等构成。其中,资源层主要为搭建计算资源共享池服务,通过集合具有存储、计算等能力的硬件设备,搭建可提供计算、存储等服务的共享资源池。虚拟层通过虚拟技术将已有资源池中的资源形成虚拟服务器、存储或网络等,以进一步提升资源利用率。应用管理层面向云资源管理,进行资源调度、分配或安全管理。业务层面向云用户需求,提供存储、计算等服务。

平台经济全程智能治理系统可采用混合云管理模式,将核心的业务服务布局在平台私有云中,同时将跨层级、跨地域、跨系统、跨部门、跨业务的资源部署到公有云中,通过弹性资源调度或峰值预测等技术优化云服务资源利用率,满足不断变化的平台监管与运行管理需求,推动平台经济数字化治理的转变。

三、区块链技术实现数据协同

在平台经济数据协同共享平台具体构建实施过程中,区块链技术采用的去中心化的P2P对等式网络,依托智能合约、共识机制、非对称加密等核心技术,可以确保各主体间安全可靠、对等、互信的联通,保证平台经济协同治理进程中跨部门、跨业务的数据共享及点对点数据安全传输。区块链技术在时间戳、共识机制、智能合约等技术创新,以及实现数据确权、数据溯源、数据共享等方面具有显著优势,为平台经济各主体间的数据溯源、数据共享等提供了有力的技术支撑。此外,面对平台经济数据治理过程中存在的数据开放共享程度低、数据集成困难、数据标准不统一、数据孤岛、数据信息缺乏公开透明性、数据权属不清等问题,区块链技术的去中心化、安全可信、全程可追溯等特性可有效解决以上问题,有助于实现平台经济数据开放共享,提升治理精准性、智能化,增强平台经济治理中数据共享利用功能等。区块链相关技术特性与平台经济数据协同共享的主体及功能等都具有较强的适用性。

多元协同治理是治理现代化的必然趋势,打造协同治理链则是有效手段。通过信息反馈和协调谈判达成共识,形成资源增效及促进持久性共同利益的实现,这是多中心、多主体协同治理的建设思路,也是区块链系统运行的根本逻辑。[①] 区块链本质上是集存储、传输、访问、共享的分布式数据库机制,具有

---

① 朱婉菁:《基于区块链技术的多中心协同治理:技术促生的制度可操作化》,《电子政务》2021年第5期。

去中心化、透明性、可信赖、不可篡改性、加密性等优势,其在数据治理方面具有较大的潜力。利用区块链技术,可以有效将区块链思维与数据治理相融合,为数据存储和传输的安全性和隐私保护性提供有效保障,并厘清数据产权,促进数据共享和流动,最大限度地发挥数据产权的效力。区块链技术在平台经济全程智能治理上具有显著优势。目前已有的"区块链+数据"中主要有以下几个方面的应用。

■（一）基于区块链时间戳、分布式账本和共识算法

基于区块链时间戳与分布式账本,增大了更改数据存储的难度,能够有效保证数据的安全存储和传输,维护数据安全,确保数据的真实性。同时,由于对每份数据均进行了备份,并存储于分布在不同区域的存储单元中,对单一或少数几个数据库的攻击或毁坏并不会影响整体数据的使用和恢复。系统的共识算法保证在一定时间后,参与整个系统记账的节点会达成共识,将下一个新区块加入区块链。少数服从多数的共识机制能有效防止个别恶意节点蓄意破坏新数据存储的行为。

■（二）基于区块链的数据存证技术

从运营平台内部监管的技术处理层面来看,市场化机制对应的监管过程可以通过实时上链（区块链）来实现。区块链技术可以为数据的真实性提供保障,降低政府监管的难度,推进数据要素市场化运营。为解决智能治理中的数据可信、业务存证等问题,利用区块链技术多方参与、防篡改、可追溯的特点,通过"数据生成、数据存证、数据取证、数据采取"的全流程上链,确保线上业务场景数据产生即上链存证,提高数据质量及使用价值。

区块链具有确权功能。区块链的识别技术和共识机制使得篡改交易的行为无法成功。维护数据需求方在交易中的利益。运用区块链技术后,所有元数据都记录在链,数据需求方无法随意对数据进行更改和泄露。上链存证后业务流程、数据流通过程可以溯源且不可篡改,一方面,可降低数据的泄漏风险,为数据安全使用提供保障,促进数据互通协作和融合；另一方面,隐私计算促使企业的数据保护责任得以落实,促进数据市场化运营过程中交易溯源问题的解决。经过数据脱敏、数据加密和场景孵化,将相关数据转化为基于数据融通的数据产品和数据服务。

■（三）基于区块链的分布式共享机制

在激励多元主体参与数据共享,促进数据共享与数据保护间二元价值的动

态平衡目标下，构建平台经济治理联盟链，设计多元主体合作参与的"以数据保护夯实数据共享，以数据共享激励数据保护"的数据共享机制，兼顾数据开放和信息安全，以"激励开放与有效保护"相协同，融合政府、平台及第三方多元共治为核心，实现平台经济治理主体数据共享激励。

区块链的分布式记账技术使多方能够实时安全地访问共享数据，实现支付清算等价值传输的实时化、自动化、高效化，最终可基于区块链技术建立资产价值传输网络。在设计区块链分布式共享机制下，个人可以通过在数据生产中贡献个人数据来获得相应的权益。保障数据资产在交易流通中的全流程权属认定，是数据进行开放共享和价值变现的前提。在数据生产过程中，参与者均应享有权益，个人数据的权益也应受到保护。基于区块链的数据分享过程在节点之间直接进行，不需要第三方的介入，通过数据上链治理，数据安全得到保障，可信度得到提高，公众能够参与到更加民主和透明的监督之中。

（四）基于区块链的数字身份方法

区块链自身的密码学体系能够有效解决传统 PKI 公钥体系中可能存在的身份伪造、私钥泄露、密码算法使用不当等安全问题，结合零知识证明、同态加密、安全多方计算和可信执行环境等隐私计算技术，能够实现监管，并在用户数据传输、计算等过程中，为隐私信息安全提供保障。

四、大数据技术赋能智敏高效

大数据不仅是一种信息技术和海量数据资源，更是一套科学认知世界的方法。[①] 通过大数据技术整合不同行业、不同企业、不同业务部门、不同消费者的多源异构数据，通过数据采集、数据整合、数据共享交换、数据存储、数据分析应用、数据传输、数据隐私保护、数据对接互认、安全体系防护、系统平台支撑等相关环节工作，保障平台经济数字治理的数据要素资源科学、高效地进行整合共享。建立"三融五跨"的数据资源信息共享平台，充分发挥数据价值。一是运用大数据技术不断优化数字治理环境，破解条块分割问题，打破信息孤岛，整合治理数据资源，基于大数据技术留痕优势，规范权力运行机制，完善监督体系，以信息化、数据化、自流程化、融合化为核心，加强重大场景决策、不正当竞争行为处罚、风险态势感知等预警控制，不断提升治理效能。

---

① 陈讯：《数字化普及、大数据应用与提升地方政府治理能力》，《贵州社会科学》2022 年第 1 期。

二是构建基于大数据分析和研判的机制,集合平台行业全息画像精准适配的分类分级治理规则,将不同行业和不同类型的服务主体行为用大数据技术进行精准分析,通过采集大数据全样本进行精准决策。三是构建跨数据核心数据库,建立全方位、立体化的数据资源信息平台,设计决策实施后的跟踪评估机制,加快健全组织体系,完善规范化、流程化、人性化、全链条的防控体系,夯实技术支持体系,不断提升科学决策能力。

第四节 平台经济全程智能治理的全域系统设计

一、平台经济全程智能治理的全域系统运作逻辑

从全程智能治理需求出发整合数据和业务,设计由精准适配、态势感知、风险预警、决策支持、协同治理、全程追踪等多重功能集成,由数字技术驱动,以业务流程再造为整体运作逻辑的平台治理系统,为全域系统架构提供整体设计思路。

(一)精准适配

平台经济全程智能治理系统是多角色、自组织、强协作的系统,通过数据与实体相连接、相匹配,让治理规则依区域、行业、行为等级等特征的不同按单位呈现,并被记录、鉴别、挖掘,以驱动政府在实施同一项政策措施时,对不同行业、不同企业对象采用不同的评估治理标准,对不同对象提供"定制化"治理服务,提高治理效率。

全程智能治理系统要求从精准治理需求出发整合数据和业务,依据平台行业全息画像揭示的平台行为特征时空演化规律、平台分类和平台行为分级,将治理对象按照以往的结果分为不同类型、不同等次,据此采取不同的应对之策,以提高治理的针对性、有效性和灵活性。通过制定与行为后果相适应的分类分级治理规则,自动将监管对象细分为A、B、C、D不同层次,采用不同的监管方式,实施不同的监管策略,实行个性化、人性化监管,从"业务链、行为链、治理链"三链融合的视角,基于平台"单点行为、全链行为"双层、"事前治理、事中治理、事后治理"三级的治理规则精准适配模式,生成面向平台全生命周期、与平台行业全息画像精准适配的分类分级治理规则适用方

案。其中，事前治理部分主要研究如何综合运用行为预测和信用激励，预防平台不正当竞争行为发生；事中治理部分主要研究如何运用大数据分析，实时识别平台潜在的不正当竞争行为，及时介入以控制不正当竞争行为的不利后果；事后治理部分研究如何设计平台不正当行为的惩罚机制和补救机制，遏制平台再次实施不正当竞争行为的冲动，维护市场公平正义，降低风险和安全威胁，最终实现对平台的精准治理。

■（二）态势感知

基于平台经济数字治理需求，为实现全程智能治理的主动性、科学性、精准性，从态势要素提取、态势识别、态势预测三个维度构建平台行为态势感知模型。

首先，针对引起态势变化的要素进行提取。平台行为的态势感知要素来源包括物理域及网络域的多源数据，是从物理空间和网络空间的人、事、物等要素映射而来的有用情报资源，包括基础设施、各部门实时监测的环境参数、社交网络数据等信息。考虑金融、社交、出行、租赁等典型行业平台数据，整合包括生产、交易、消费、评价等各业务环节数据。其次，设计多源异构的数据融合算法，对于平台多源数据进行融合处理，才能确保能精准感知平台行为状态，实现行为预测。主要通过贝叶斯网络、D-S证据融合理论、粗糙集理论、神经网络以及隐马尔科夫模型等进行多源数据融合，获取关键信息，对采集的线上线下海量异构数据进行分析，对平台行为态势进行识别，实现对平台异常行为的感知。

基于态势感知的平台行为态势识别过程主要基于多源异构数据融合算法对采集的线上线下海量异构数据进行分析，对平台行为态势进行识别，实现对平台异常行为的感知，并通过风险预警模块启动实时、穿透式监管，协助各治理主体明确可行的行为风险预警方案，为后续预警提供决策依据及应急物资调配依据，避免因处理延迟导致的严重后果。通过对平台行为要素的态势监测与识别，能从无序、抽象、冗余的海量平台数据中挖掘识别到异常行为数据，通过整合与梳理，形成有序、具体、精练的信息，从全局中识别出风险行为，用于科学决策。目前，平台行为态势识别的方法有机器学习、神经网络等，依托这些方法，评估异常行为潜在损失，结合行业全息画像及分类分级治理规则，评估平台企业行为的态势级别。

基于态势感知的平台行为态势预测是基于平台行为知识库，采用知识图谱、行业画像、系统仿真、超网络预测等方法，预测平台行为分析下一阶段的行为趋势，识别平台行为异常要素，对平台潜在风险进行实时预警并通过穿透式预警挖掘威胁源头。挖掘不同类型平台、不同场景下的不同行为风险等级，预测平台行为的演化趋势，辅助多元治理主体制定分类分级的治理决策，实现智能治理从被动处置型向主动发现型转变。

■（三）风险预警

考虑平台经济风险的开放性、隐蔽性等特征，平台经济智能治理系统设计以"风险评估—实时预警—应急响应—事后整治"为逻辑的全流程预警机制，通过对服务产品数据和服务对象数据进行全天候动态化、标准化、通用化监测，确定不同等级的风险预警级别、周期，能够帮助平台管理者运用数字化、网络化、智慧化的技术手段，通过数据分析建立预警体系，以提前发现潜在风险并及时采取相应的措施。要建立涵盖基础层、技术层、应用层的平台经济监管监测预警平台。基础层包括互联网、传感器、物联网、服务器、高性能芯片等基础设施和技术；技术层包括平台经济监管数据库等数据资源、核心算法、图像识别、可视化系统；应用层包括大数据监管平台、数据共享中心、移动App、手持终端等通用技术平台。平台经济安全风险的可视、可知、可控、预警、预测与决策，并通过采集大量数据进行客观的数据分析和对社会事实的科学判断，使平台经济风险预警更具精准性、科学性，实现事前预警、事中监控、事后惩治的全生命周期治理，为主动、实时、穿透式治理提供科学决策依据，提升风险治理和危机化解能力。

■（四）决策支持

平台经济全程智能治理系统凭借动态生成"跨层级、跨地域、跨系统、跨部门、跨业务"虚拟协同治理网络，协助平台治理决策者实现从"经验判断型"向"数据分析型"的转变。以监管数据库为基础，采用创新优化算法、实时信息采集传输系统和可视化系统，建立立体化、多层级、能够满足不同监管主体需求的实时决策平台，让数据具备智慧，以实现基于实时数据的毫秒级决策响应，帮助监管主体真正做到事中监控。

如在平台经济反垄断监控子系统中，通过收集近年来行业内主要平台企业相关信息，分析企业大数据杀熟、"二选一"、数据泄露等核心事件的要素，从而对平台企业反垄断行为进行事前、事中比对，辅助科学决策。全程智能治理系统使得决策者"有数可依""有据可考"，有助于提升平台治理日常决策的科学化水平。通过平台治理有效处理数据，以政府、企业为核心的多元治理主体能够在数据的支持下制定科学决策，形成的行业运营数据子系统、平台行为数据子系统、消费者数据子系统等治理平台有助于推进智慧化决策的全领域覆盖。

（五）协同治理

首先，应明确政府主导和政府与平台多元主导等协同治理模式之间的责任边界。在协同治理过程中，既要明确各主体地位，也要明确权责清单，合理分配各主体责任权重，在保证协同治理高效合理的基础上维护平台经济创新发展的动力及积极性。其次，搭建多元协同监管体系，用于提升平台经济协同治理效果。主要可以通过优化监管手段，将事后惩罚监管前移至事前预警监管、事中实时监管，打造全生命周期监管体系，降低监管风险。再次，由于行业、领域、业务类型、场景差异，多元主体协同治理过程中的参与度存在一定的差异，应结合以上特征、行业全息画像及分类分级规则，制定合理的协同治理关系。再次，用户、行业组织作为有力的治理补充主体，具备与平台和政府不同的治理优势，也应发挥各自优势，参与治理，最终形成多主体共同参与的协同治理体系。最后，打造协同治理的决策系统。共同决策是协同治理的关键环节，决策效率与质量的高低直接影响到协同治理的效能水平。要充分利用大数据、云计算、区块链、人工智能等新兴技术，推进智能治理平台建设，从信息支持、算法、可视化、人机合作等方面打造协同治理的决策系统，提高治理决策的时效性、科学性、灵活性、针对性，保障协同治理的有效运行。

（六）全程追踪

平台经济智能治理全域系统的全程追踪功能，一方面能够使企业及其他治理主体了解政府行为的进程，使多元主体治理的广度和深度得到延伸，使各主体的监督功能得到增强，实现监督合力。另一方面可以强化政府内部的相互监督，实现内部信息共享，对不良工作行为形成警示与监督，构建多元、全程、有效的监督系统。以客观数据作为衡量标准，平台治理的数字化监督在一定程度上能够使传统监督的主观性、随意性和选择性得以避免，使监督的科学性和完整性得以增强。

二、前台、中台、后台的全程智能治理全域系统架构

为实现平台经济智能治理系统的多功能集成智能治理，需要构建多个子平台相互协作配合的全域系统架构，以保障整体平台的正常运作与功能的有效发挥。这里采用前台、中台、后台模式构建全程智能治理全域系统架构。

全程智能治理系统前台主要是面向公众和组织的服务平台，提供一站式公共服务，例如政务服务网站、微信公众号、手机端 App 等。在平台型组织中，敏捷的前台是指能够快速反应市场导向，优化产品服务，最终实现和提升消费价值的主体。

智能治理系统中台的建设是最为关键的因素，中台的智慧和算力，奠定了治理的能级和效果的基础。中台作为前台与后台的沟通桥梁，能够有效促进前台规模化创新，使后台资源至用户端的传输更加通畅。目前，大多数平台采用双中台——数据中台和业务中台的模式。

数据中台主要负责提供数据服务、数据开发、数据治理等。数据中台的主要功能是"连接、整合、服务"。数据中台的连接功能主要体现在其需要联合平台方各业务、各场景采集数据资源，再通过数据进行汇聚整合，经过数据清洗、数据管理、数据分析等模块，形成海量的结构化数据，为平台方及治理主体提供具有信息价值的数据体系，使得其能从中提取信息，进行科学决策。前台可基于此数据体系为用户提供个性化定制服务，业务中台也可根据数据反馈优化业务流程、应用场景等。数据中台搭建了连接前台和业务中台的重要数据支撑桥梁，通过整合各部门、各主体的数据，消除数据孤岛，形成数据资源，通过数据赋能平台方数字治理体系。

业务中台主要负责提炼服务和满足办公中各个业务线的共同功能需求，打造成组件化的资源包中台，其主要功能是"沉淀、标准、共享"。业务中台面向未来业务流程、可重复使用的标准化模块单元，先对多种业务模型、业务构件、RPA 组件等资源进行沉淀，再经过标准化、规范化处理，聚合不同系统相同功能的服务，用于支撑平台治理中新应用与新业务的快速开发与迭代，以迅速响应动态变化的消费者需求。经过业务中台汇聚整合后的后台业务资源，结合数据中台优化后的数据资源，可面向前台提供重复共享的核心能力，为前台提供基础决策支撑，同时降低多元主体沟通、合作的成本。

智能治理系统后台是前台汇集的各种数据形成的数据库以及其他支撑服务的核心资源，其开发对象主要是政府内部的特定平台运营和管理人员。

三、基于复杂巨系统的智能治理综合集成法

综合集成法是对社会系统、人体系统、地理系统和军事系统这四个开放的复杂巨系统进行研究实践所形成的综合集成工程。一方面，需结合科学理论、经验知识和专家判断，形成经验性假设，再借助数字技术和海量数据信息，形成建立在经验和系统上的综合决策模型。在此系统中，不仅具备人的感性的、

定性的、经验性的知识，也整合了基于数字技术和数据资源的理性的、定量的、科学的知识。在此综合集成思想下，反复优化调整，得出最终的科研结论。[①] 其实质是整合主题相关领域的专家群体、统计数据和信息资料，构建一个综合集成各种知识的智能化、精准化、系统化的人机交互系统，实现从感性到理性、从定性到定量的功能。[②]

针对跨层级、跨地域、跨系统、跨部门、跨业务的平台经济多元主体协同共治的智能治理需求，引入复杂巨系统理论，借鉴"（专家＋信息系统＋AI系统＋计算机）×组织"所形成的综合集成法，构建由计算机与信息网络、多媒体技术等信息设施组成的机器体系，经济学家、社会学家、自然科学家、工程技术人员等不同领域中的专家组成的专家群体或专家体系，各种知识、经验的获取与处理系统形成的知识体系。[③]

基于复杂巨系统综合集成法的智能治理系统（见图 5-3），形成"连接—感知—智慧"三层递进的路径。

连接层面向平台经济智能治理的数据采集需求，整合生产、交易、消费、评价等各业务环节数据，以数据生命周期各环节为切入点，明确以政府、平台企业、社会组织、公众及服务提供者等为主体的数据来源对象，实现对跨层级、跨地域、跨系统、跨部门、跨业务的多源异构数据的采集，通过数据共享、数据存证溯源等方法，获取多源海量治理数据，连接政府、平台企业、行业组织、公众、服务提供者等监管主体，形成多中心治理的组织形式。

感知层基于跨层级、跨地域、跨系统、跨部门、跨业务的治理数据，整合形成统一的治理数据信息系统，通过机器学习、超网络预测、神经网络等技术，测度平台异常行为引起的损失，基于平台行为态势感知模型评估异常行为的态势级别。态势预测模型通过异常行为案例匹配对实时平台行为进行精准预测，深入剖析异常行为的演化趋势，为各主体进行预警方案治理提供决策依据，最终将实际处理方案及时反馈到模型及知识库，实现数据更新与优化，着手突发事件应对过程，为实现全程智能治理提供数据感知能力。

[①] 钱学森、于景元、戴汝为：《一个科学新领域——开放的复杂巨系统及其方法论》，《自然杂志》1990 年第 1 期。

[②] 王丹力、戴汝为：《综合集成研讨厅体系中专家群体行为的规范》，《管理科学学报》2001 年第 2 期。

[③] 戴汝为：《系统科学与思维科学交叉发展的硕果——大成智慧工程》，《系统工程理论与实践》2002 年第 5 期。

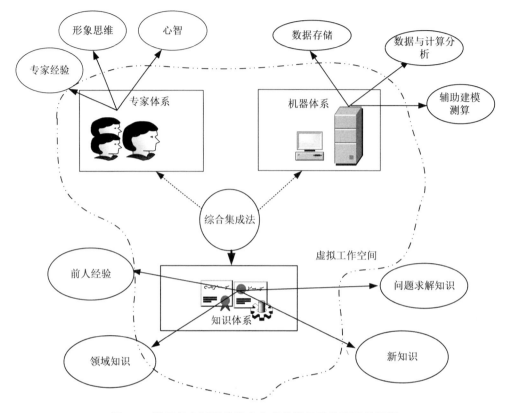

图 5-3　基于复杂巨系统综合集成法的智能治理系统框架

智慧层基于 AI、规则库、推理库等，形成人机结合的全程智能治理，设计由精准适配、风险预警、决策支持、协同治理、全程追踪等多种功能集成，由数字技术驱动，以业务流程再造为整体运作逻辑的全域平台治理系统，为平台经济智能治理的实施提供有力的技术与管理路径。

●● 本 章 小 结 ●●

本章研究数据赋能的全程智能治理需求及目标，为全程智能治理体系的构建指明根本方向。首先，面向智能治理数据赋能、技术驱动、系统协同、服务优化等核心目标，分析多元主体共建共治共享背景下的治理数据采集维度、数据产权、数据共享意愿及其治理方法，为全程智能治理体系的构建提供可信数据基础。其次，基于精准治理需求，构建"信息提取—行为识别—风险预测"的平台行为态势感知模型，挖掘不同类型平台不同场景下的不同行为风险等级，预测平台行为的演化趋势，辅助治理主体制定分类分级的治理决策，实现智能治理的主动化和精准化。最后，从智能治理需求出发整合数据和业务流程，建立集"精准适配、态势感知、风险预警、决策支持、协同治理、全程追踪"等功能于一体的多角色、自组织、强协作的平台治理系统运作逻辑，构建平台经济的智能治理全域架构，引入复杂巨系统理论，借鉴"（专家＋信息系统＋AI系统＋计算机）×组织"所形成的综合集成法，基于"技术、业务、数据"三融合，实现平台经济精准、科学、高效、前瞻型智能治理。

第六章

制度逻辑：平台经济数字治理政策分析及制度优化

平台经济作为我国数字经济的重要组成部分，对提高资源配置效率、推动协同创新、促进产业升级具有重要作用。平台经济健康规范发展，成为推动我国新经济发展的重要引擎以及我国新一轮产业变革的关键驱动力。

自从"平台经济"被写入政府工作报告，平台经济的发展日益受到我国政府的重视，我国政府相继出台了一系列政策以推动平台经济的应用与发展，就平台经济的监管、反垄断、金融风险和数据安全问题制定了相关治理政策。在反垄断方面，2020年11月，国家市场监督管理总局发布《关于平台经济领域的反垄断指南（征求意见稿）》，提出对平台经济垄断行为进行规制，有助于维护平台经济领域公平有序竞争，完善反垄断法律并强化对支配平台的反垄断执法。在防范金融风险方面，2015年起我国开始加强对互联网金融的治理，并根据互联网金融业态模式的不同，专门出台了具有业务模式特征针对性的治理政策。在保护数据安全方面，《中华人民共和国网络安全法》《中华人民共和国数据安全法》等相关法律的实施，在推动平台经济持续健康规范发展的同时，保障数据安全和加强知识产权保护。

平台经济治理政策的目标经历了从"加快平台经济发展"到"促进平台经济规范健康发展"的演变过程。自从2019年8月国务院办公厅发布《关于促进平台经济规范健康发展的指导意见》之后，各省（区、市）相继出台了相关政策。在平台经济治理视角下，我国政策体系从构建综合治理机制、推进实施分类治理、压实企业主体责任、规范市场准入限制、加强技术手段建设、推动完善信用体系、合理利用公共资源、保障个人信息安全、规范市场竞争秩序、加强正面宣传引导、完善应急处置保障等层面制定了一系列政策。① 这一系列政策的发布与实施不仅将我国平台经济发展上升为我国经济发展的重大战略，而且进一步推动了我国数字经济产业健康快速发展。平台经济治理政策文本不仅呈现出政府推动平台经济技术发展和应用的客观行为，也折射出政府监管平台经济的理念态度，并综合反映了与平台经济相关的经济发展、技术进步、制度创新等全要素体系的存在状态和演化生态。

系统梳理中央和地方平台经济治理政策文本，比较各地区平台经济发展的政策目标、政策工具的差异，科学评价政策内容，有助于提高平台经济治理政策的前瞻性、系统性和科学性，对进一步促进平台经济良好发展具有重要意义。为更好发挥政策工具的调节效应，协同政策治理，健全政策体系，本章通过梳理已有的平台经济治理系列政策，在文本挖掘的基础上，构建基于 PMC 指数模型的平台经济治理政策文本量化模型，基于一定的选择标准筛选出一定数量的政策文本内容用户评估，剖析我国平台经济治理政策在文本内容维度所呈现出的特点，对比分析各地政策差异，深入探究政策文本差异的成因，并提出相应的政策优化路径，旨在为优化我国平台经济数字治理政策提供参考，进一步提升平台经济治理效能。

第一节 平台经济治理政策的分析框架及数据基础

一、分析框架

（一）政策工具

政策工具是公共政策研究中政府等政策制定者对于政策问题部署方案、贯彻政策过程中采用的基本方式和手段。② 政策工具有助于化解政策问题，达成政策目标。国内外学界认为，政策工具作为政策分析过程中的有力科学工具，

---

① 张良强、王笑君：《基于内容分析法的福建省科技创新政策比较研究》，《宁德师范学院学报（哲学社会科学版）》2019 年第 2 期。
② 周城雄、李美桂、林慧、李培楠、洪志生：《战略性新兴产业：从政策工具、功能到政策评估》，《科学学研究》2017 年第 3 期。

呈现出政策科学内在的结构性逻辑和特征。① 也有学者认为，通过多维政策工具的科学有效使用实现政策的整合与执行，从而表达出政策制定者等相关政策主体的价值与治理理念。②

（二）政策评价

政策评价作为公共政策实施周期中的重要环节，对于政策制定的合理性、政策执行的有效性均具有重要的参考意义。在政策评估过程中，基于政策评估相关理论、文本挖掘、量化分析等方法进行全面的政策文本分析，从而使得对政策文本的评价更具客观性、科学性，也可作为检验政策制定和执行效果的重要依据。③ 政策量化评价模型方法主要包括以计算效益、结果或者以内容分析为重点的政策效果评价。随着评价理念转变、大数据技术、文本挖掘方法等因素的影响，对政策文本内容的分析与研究受到学界关注。作为政策文本内容量化评估的一种常见方法，PMC 指数模型可在一定程度上确保政策文本评价的科学性、合理性。④ PMC 指数模型中对参数和变量的选取主要依据政策文本挖掘的方式，从而可以在一定程度上降低主观评价所带来的差异性，进一步确保量化评价的精准度。此外，PMC 指数模型以政策文本内容作为量化分析对象，更能聚焦于政策内容要素及特征，同时还具有对多个政策文本进行对比分析的优势。目前，PMC 指数模型被广泛应用于人工智能政策、双碳政策等多个领域中。本文选取 PMC 指数模型对我国平台经济治理政策文本进行分析。

（三）研究思路

通过政策文本量化分析优化我国平台经济治理政策内容，丰富相关理论，为平台经济治理政策制定及优化提供实践指导，以提高我国平台经济治理效能。为此，本书构建了政策"工具-评价"分析框架对我国平台经济政策文本进行分析。首先，通过对我国平台经济治理政策文本进行挖掘，识别我国平台经济治理政策主要通过哪些维度来推动平台经济健康发展，在此基础上梳理出各

---

① 付琳、张东雨、闫昊本、曹颖：《基于政策文本分析的中国碳减排政策工具研究》，《科学学研究》2023 年第 3 期。
② 张永安、耿喆、王燕妮：《区域科技创新政策分类与政策工具挖掘——基于中关村数据的研究》，《科技进步与对策》2015 年第 17 期。
③ Patton M. Q., The evaluator's responsibility for utilization, Evaluation Practice, 1988, No. 2.
④ 宋大成、焦凤枝、范升：《我国科学数据开放共享政策量化评价——基于 PMC 指数模型的分析》，《情报杂志》2021 年第 8 期。

政策类属的关系，形成政策路径。其次，结合政策类属及政策路径分析，识别各政策工具使用情况。最后，根据平台经济治理政策工具的使用情况，以一定标准设置工具评价指标，同时结合其他学者及文献中的政策评价指标构建PMC政策指标体系，并依据政策评价指标对各省（区、市）平台经济治理政策进行量化评价。①

二、数据来源

（一）政策选取与数据来源

自2014年以来，我国政府出台了一系列平台经济治理相关政策。自2019年8月国务院办公厅发布《关于促进平台经济规范健康发展的指导意见》之后，各地平台经济治理政策相继出台。为保证样本数据的权威性和准确性，本书选取的政策文本来源于国务院、国家部委及各省（区、市）政府部门官网。在平台经济政策文本检索与选取过程中，主要遵循以下原则：一是政策文本均来自国务院、各省（区、市）人民政府、各省（区、市）科技厅（局）等官网发布的公开文件资料；二是以"平台经济""线上经济""互联网平台""新经济"等为主题检索词，选取题名中含有这些关键词的政策文本，均明确指向区块链相关的政策内容，而非粗略地泛指数字技术；三是所选政策文件均是在中央或地方区块链政策体系中具有代表性、意义较大的政策。基于上述原则，本研究共选取了27份区块链政策文件作为研究样本，如表6-1所示。

表6-1 我国中央或地方平台经济治理政策文本（不按时间排序）

政策代码	名称	发文机关	发布时间
P1	关于上海加快推动平台经济发展的指导意见	上海市商务委员会	2014年
P2	关于加快互联网平台经济发展的指导意见	湖北省人民政府	2015年
P3	关于促进互联网经济发展的指导意见	吉林省人民政府	2015年
P4	关于加快互联网平台经济发展的指导意见	江苏省人民政府	2015年
P5	关于加快网络经济发展的意见	陕西省委、省政府	2016年

---

① 宋潇、钟易霖、张龙鹏：《推动基础研究发展的地方政策研究：基于路径—工具—评价框架的PMC分析》，《科学学与科学技术管理》2021年第12期。

续表

政策代码	名称	发文机关	发布时间
P6	关于促进平台经济规范健康发展的指导意见	国务院办公厅	2019年
P7	关于平台经济领域的反垄断指南	国务院反垄断委员会	2021年
P8	关于推动平台经济规范健康持续发展的若干意见	国家发改委等部门	2021年
P9	黑龙江省加快平台经济高质量发展的实施意见	中央黑龙江省委办公厅、黑龙江省人民政府办公厅	2022年
P10	关于促进平台经济规范健康发展的实施意见	重庆市人民政府办公厅	2020年
P11	关于促进平台经济规范健康持续发展的实施意见	辽宁省人民政府办公厅	2021年
P12	四川省市场监督管理局推动平台经济规范健康持续发展十七条措施	四川省市场监督局	2021年
P13	山西省促进平台经济发展若干政策	山西省人民政府办公厅	2021年
P14	关于促进平台经济规范健康发展的实施意见	江西省人民政府办公厅	2020年
P15	浙江省平台经济健康发展行动计划（2020—2022）（征求意见稿）	浙江省统计局、浙江省发展和改革委员会	2020年
P16	关于促进平台经济规范健康发展的实施意见	江苏省人民政府办公厅	2020年
P17	广西促进平台经济规范健康发展的实施方案	广西壮族自治区人民政府办公厅	2020年

续表

政策代码	名称	发文机关	发布时间
P18	关于加快平台经济发展的实施意见	福建省人民政府	2019年
P19	山东省2022年数字经济"重点突破"行动方案	山东省工业和信息化厅、山东省委网信办、山东省发展改革委等部门	2022年
P20	关于加快平台经济健康发展的实施意见	河南省人民政府办公厅	2022年
P21	关于推动平台经济规范健康持续发展的若干意见（征求意见稿）	海南省发展和改革委员会	2022年
P22	上海市促进在线新经济发展行动方案（2020—2022年）	上海市人民政府办公厅	2020年
P23	武汉市促进线上经济发展实施方案	武汉市人民政府办公厅	2020年
P24	关于促进线上经济发展的意见	安徽省人民政府办公厅	2020年
P25	关于促进互联网平台经济规范健康发展的若干措施	青海省人民政府办公厅	2021年
P26	2022年广东省数字经济工作要点	广东省工业和信息化厅	2022年
P27	关于推进商品交易市场发展平台经济的指导意见	商务部等	2019年

（二）政策主题

首先，将所收集的27份平台经济治理政策导入ROSTCM6进行合并和分词处理，如图6-1所示。其次，对处理后的政策文本进行词频分析，提取排名前 200 的高频主题词。最后，删除与"平台经济"主题重复的高频词（如"平台""经济""互联网平台"），同时删除"加快""加强""推动""实现""开展""一批"等程度词、修饰词、无关词，保留与平台经济研究紧密相关的关键词，进一步合并语义相近、描述对象一致的关键词（如将"合作"合并到"整合"、"机制"合并到"体系"、"标准"合并到"标准化"），最终得到51个高频关键词，如表 6-2 所示。

图 6-1　我国平台经济治理政策文本的高频词云图

借助 ROSTCM6 软件的反向查询功能，查看高频词所在的政策文本原文，根据具体内容对高频词进行归类，如将"监管""创新"相关且具有实际意义的内容"夯实平台经济创新发展""加快完善平台经济新业态新模式标准体系""提升监管能力和水平"等进行归类。从政策文本内容中，可以得出：① 我国平台经济形成了一系列政策目标，期望我国平台经济发展达到一定水平，即建成平台经济创新发展示范区、引进或培育平台企业、建立平台经济健康发展生态、平台经济与经济社会各领域融合程度不断加深、形成平台经济示范城市或重点领域平台体系；② 从重点领域平台体系上看，我国已有政策期望从农业、医疗、教育、新零售、智慧旅游、在线办公、科技服务、金融、移动出行、创新创业等多个领域，培育平台经济新增长点、新业态新模式；③ 为促进平台经济健康规范发展，各地均制定了提升监管能力和水平的政策，从加强反垄断执法、金融领域监管、消费者数据保护、劳动者权益保护、平台主体责任及创新监管模式等方面确保有效监管；④ 从完善制度保障层面，政府主要通过完善法律法规、优化市场准入条件、完善新业态标准体系等，为各地平台经济健康发展提供制度保障；⑤ 在资源保障方面，政府考虑要加强网络和数据安全保护、新型基础设施建设、招商、资金、税收优惠、金融服务方式、人才支持、数据要素等多重投入，促进平台经济发展。

表 6-2　我国平台经济治理政策文本的词频分析及政策类属划分

政策目标	词频	重点任务	词频	监管手段	词频	政策环境	词频	资源保障	词频
创新	322	数字	300	监管	356	体系	134	数据	340
研发	157	工业	220	信用	107	机制	139	资源	174
示范	166	金融	148	依法	90	服务	618	人才	63
科技	132	物流	113	消费者	128	改革	125	投资	45
发展	768	智慧	216	权益	54	产权	49	培育	144
建设	410	电子商务	109	执法	47	制度	61	基础	94
市场	425	农业	87	反垄断	44	政策	133	设施	74
生态	147	教育	61	监测	53	共享	102	财税	69
规范	119	支付	53	保护	108			资金	60
技术	236	医疗	63	职责	107				
		农业	129	竞争	117				
		业态	61						
		政务	89						

（三）政策发布时间

通过对政策发布时间的梳理发现，2014 年上海市商务委员会发布的《关于上海加快推动平台经济发展的指导意见》中较早指出了充分认识发展平台经济的重要意义，加强事中、事后监管，依托平台建立市场信用监管体系，探索形成适应平台经济发展的管理模式。上海市对平台经济治理的先进理念主要源于抢抓全国现代服务业综合试点和自贸区试点的契机，以及其互联网经济发展的实践经验。2019 年后平台经济健康发展类政策发文数量出现显著增加，主要原因在于国务院办公厅发布了《关于促进平台经济规范健康发展的指导意见》，平台经济治理政策目标发生了变化，强调了发展和规范并重的原则，不仅要求继续通过政策引导、支持、保障等加快平台经济的发展，而且要求创新、落实、完善监管理念和方式，促进平台经济规范健康发展。

第二节　我国平台经济治理政策工具分析

一、我国平台经济治理政策工具划分

本书在对政策内容进行文本分析的基础上对政策结构要素进行量化分析，以此来挖掘政策文本中本质性的事实和趋势，从而提出完善政策工具的对策建议。有学者基于政府参与公共事务的直接性程度，把政策工具分为直接型政策工具、间接型政策工具、基础型政策工具和引导型政策工具。[①] 也有学者依据治理层次，考量政策工具的完备性、协调性、系统性，将政策工具划分为战略层政策工具、战术层政策工具和操作层政策工具。[②] Rothwell 和 Zegveld 综合考虑政府干预手段和干预程度，将技术创新的政策工具划分为供给型政策工程、需求型政策工程和环境型政策工程。[③] 其中，供给型政策工具、需求型政策工具起直接推动作用，环境型政策工具则起间接促进作用。本书借鉴已有学者的划分逻辑，结合政策工具的逻辑与平台经济治理政策文本内容的实际情况，将平台经济治理政策工具划分为供给型政策工具、需求型政策工具和环境型政策工具，如图 6-2 所示。

公共政策文本规范严谨、要点清晰、内容简练，本文运用 NVivo11 对政策文本进行编码，并将政策文本的条款或章节作为分析单元。首先，将 27 份政策文本导入 NVivo11 软件中。然后，两名经过培训的编码员在通读所有政策文本的基础上，根据对政策文本的内容特征和前文理论分析框架的理解，按照"政策编号—具体条款/章节—要点序列"分别对政策文本开展预编码工作。对于编码中的疑问和不一致，编码员反复论证直到达成共识，再继续对编码表进行完善和优化，形成最终的编码表。根据编码内容对平台经济治理的基本政策

---

① 谭春辉、谢荣：《政策工具视角下的高校图书馆读者权利保障分析——以 42 所双一流大学图书馆为例》，《图书馆学研究》2019 年第 1 期。

② 毛子骏、朱钰谦、徐晓林：《中国省域政务数据安全政策文本量化研究》，《情报杂志》2021 年第 12 期。

③ Rothwell R., Zegveld W., Reindustrialization and technology, Longman Group Limited, 1985.

工具进行分类、归纳、整理,再依据政策工具大类划分的基本原则,综合考虑平台经济治理政策的文本内容和外在特征,明确平台经济治理政策工具类型。我国平台经济治理政策工具类型统计表如表 6-3 所示。

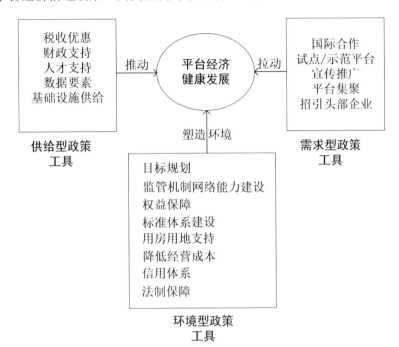

图 6-2 平台经济治理政策工具类型划分

表 6-3 我国平台经济治理政策工具类型统计表

政策工具类型	具体工具	条文编号	运用频次/次	占比/(%)	累计占比/(%)
供给型政策工具	税收优惠	3-32;13-5;21-11;24-24;25-8	5	2.44	34.15
	财政支持	2-17;3-22;3-33;5-21;13-1;15-28;17-15;20-16;23-20;23-24;25-2;25-13;26-29;27-17	14	6.83	
	人才支持	2-15;4-24;5-24;8-18;9-28;10-17;13-9;13-10;14-26;22-22;24-25;25-9	12	5.85	

续表

政策工具类型	具体工具	条文编号	运用频次/次	占比/（%）	累计占比/（%）
供给型政策工具	数据要素	1-6；2-9；3-14；5-28；6-14；8-1；9-29；10-15；11-22；12-17；13-19；14-22；15-17；16-17；17-13；18-6；19-8；20-12；21-17；22-17；23-18；23-22；24-19；26-4；27-7	25	12.20	34.15
	基础设施供给	2-11；3-4；4-17；5-13；5-22；9-15；11-21；12-17；13-2；19-12；21-4；21-18；24-20；26-1	14	6.83	
环境型政策工具	目标规划	1-3；2-3；3-2；4-3；5-2；9-2；11-1；18-3；23-1；27-3	10	4.88	40.49
	监管机制	1-12；2-20；3-36；4-25；5-29；6-8；7-2；8-4；9-2；10-10；11-7；12-2；13-20；14-5；15-24；16-12；17-7；18-14；19-20；20-22；21-9；22-20；23-21；24-21；25-10；26-25	26	12.68	
	网络能力建设	3-29；6-13；10-14；11-23；14-21；15-20；17-12；19-11；20-14	9	4.39	
	权益保障	6-17；7-4；8-10；9-20；11-17；15-21；20-20；21-5	8	3.90	
	标准体系建设	1-1；2-21；4-21；6-3；9-22；16-1；17-3；20-23；21-2	9	4.39	
	用房用地支持	9-27；27-16	2	0.98	
	降低经营成本	1-6；4-18；8-8	3	1.46	
	信用体系	2-14；4-25；6-15；9-21；10-9；11-18；14-23；15-25；17-14；27-8	10	4.88	
	法制保障	6-19；10-12；11-16；12-5；11-2；17-18	6	2.93	

续表

政策工具类型	具体工具	条文编号	运用频次/次	占比/（%）	累计占比/（%）
需求型政策工具	国际合作	3-35；5-32；8-12；13-8；20-15	5	2.44	25.37
	试点/示范平台	1-8；3-17；4-16；8-19；9-17；10-16；15-1；19-3；23-17	9	4.39	
	宣传推广	2-12；3-16；4-14；5-31；6-10；8-14；9-32；11-11；14-15；15-13；17-10；18-4；19-5；20-13；23-28；24-16；26-13	17	8.29	
	平台集聚	4-5；10-16；13-1；14-18；28-12；23-2	6	2.93	
	招引头部企业	2-10；3-10；4-4；5-19；9-16；13-15；15-4；18-4；20-2；20-19；21-15；23-3；24-2；25-5；27-3	15	7.32	

注：条文编号与表6-1中的政策文本内容一一对应。

二、我国平台经济治理政策工具分析结果

在本书选取的27份平台经济治理政策文本中，涵盖了供给型政策工具、环境型政策工具和需求型政策工具，从政策工具条文分析来看，分别占比34.15%、40.49%和25.37%。这表明我国平台经济治理政策整体上仍以环境条件营造和政策引导为主，供给型政策工具和环境型政策工具的运用频次整体比较接近。

在供给型政策工具中，主要以数据要素供给为主，这表明在平台经济治理中，数据已成为平台竞争的关键要素[1]，数据要素的积累和保障对于数字治理至关重要[2]。表现出政策制定者意识到数据及数字技术是提升平台经济治理效

---

[1] 孙晋、万召宗：《滥用市场支配地位侵犯隐私行为的反垄断法规制》，《财经法学》2021年第5期。

[2] 谢富胜、吴越、王生升：《平台经济全球化的政治经济学分析》，《中国社会科学》2019年第12期。

能的重要保障。财政支持和基础设施供给占比相当，表明政府通过创新财政投入方式、扩大财政资金功能、发挥产业基金引领作用等手段提供有效的财政支持，同时以网络基础设施、云计算、大数据、区块链、人工智能等数字技术确保平台经济发展的基础设施建设。

在环境型政策工具中，以监管机制为主要工具，这表明政府在面临平台经济发展中的不规范问题（包括竞争失序、数据与信息安全、算法异化、权益缺失等）时，对平台经济的监管从规则、制度、能力、水平、技术等方面提出了新要求，构建了面向新时代的平台经济新型监管机制，包括包容审慎监管、协同监管、反垄断、信用监管、数字化监管等，并对平台企业的金融领域、税收领域实施重点监管。在目标规划工具中，政府从平台经济发展、应用示范、产业集聚、企业发展、生态体系构建等方面为平台经济发展提出了明确的目标规划。环境型政策工具表明，政府在权益保障、平台企业资源投入保障等方面的工具较缺乏，需进一步调整环境型政策工具结构。

在需求型政策工具中，以宣传推广和招引头部企业为主要工具来拉动平台经济发展，这表明政府在完善宣传推广方式，通过品牌推广、加快推广多样化服务新模式等方式拉动平台经济发展。政府助力头部企业的全球化发展，鼓励头部企业平台化发展，构建推动上下游集聚的全产业生态链。此外，还涉及试点/示范平台、平台集聚等工具的应用，但总体力度不够，数量占比较少，政策工具使用不足。

第三节 我国平台经济治理政策评价分析

一、平台经济数字治理政策 PMC 指数模型建立

作为政策文本内容量化评估的一种常见方法，PMC 指数模型可在一定程度上确保政策文本评价的科学性、合理性。PMC 指数模型提出事物间的动态性和关联性，而关联性和动态性可反映在相关变量上。但是为了降低各种不同变量间的差异性，通常被界定为变量权重统一。为了能够全面描述相关政策维度，因此选择多个精准、全面、层次清晰的二级变量，并赋值统一权重。对政策变量应全面系统选择，使得政策评价更加全面、公正、系统。PMC 指数模型不仅可以通过 PMC 指数分析某项政策的内部异质性和优劣水平，还可以通过曲面图直观展示各项政策各个维度的优势和缺陷。通常建立 PMC 指数模型

的步骤如下：设定政策变量与参数，建立多投入产出表，计算一级变量值并得出 PMC 指数，绘制 PMC 立体曲面图。

（一）变量分类与参数设置

遵循 PMC 指数模型的建立原则，结合平台经济发展的实际特点及前文政策文本挖掘的分析结论，并参照张永安等[①]、胡峰等[②]学者在相关研究中对 PMC 参数的设定，去掉宽泛或无意义的评价指标，确定了 10 个指标：政策性质、政策时效、政策目标、政策对象、激励措施、权益保障、监管机制、政策领域、政策级别和政策评价。

二级变量除了参照以上学者的研究成果外，还结合平台经济治理政策自身的特性及其他学者对平台经济治理政策的研究内容，运用 ROSTCM6 对政策样本进行词频分析并确定二级变量。政策评价指标一级变量和二级变量如表 6-4 所示。

表 6-4　政策评价指标一级变量和二级变量

一级变量	二级变量编号	二级变量名称
政策性质 X_1	$X_{1.1}$	监管
	$X_{1.2}$	建议
	$X_{1.3}$	描述
	$X_{1.4}$	引导
政策时效 X_2	$X_{2.1}$	长期（5 年以上）
	$X_{2.2}$	中期（3～5 年）
	$X_{2.3}$	短期（1～3 年）
政策目标 X_3	$X_{3.1}$	健康发展
	$X_{3.2}$	产业集聚
	$X_{3.3}$	企业发展
	$X_{3.4}$	应用示范
	$X_{3.5}$	生态体系构建

---

① 张永安、郗海拓：《国务院创新政策量化评价——基于 PMC 指数模型》，《科技进步与对策》2017 年第 17 期。

② 胡峰、温志强、沈瑾秋、姚缘：《情报过程视角下大数据政策量化评价——以 11 项国家级大数据政策为例》，《中国科技论坛》2020 年第 4 期。

续表

一级变量	二级变量编号	二级变量名称
政策对象 X_4	$X_{4.1}$	企业
	$X_{4.2}$	政府部门
激励措施 X_5	$X_{5.1}$	资金投入
	$X_{5.2}$	基础设施
	$X_{5.3}$	人才培养
	$X_{5.4}$	技术支持
	$X_{5.5}$	法律保障
权益保障 X_6	$X_{6.1}$	主体责任
	$X_{6.2}$	营商环境
	$X_{6.3}$	消费者权益保障
	$X_{6.4}$	信用体系
监管机制 X_7	$X_{7.1}$	包容审慎
	$X_{7.2}$	数字化监管
	$X_{7.3}$	信用监管
	$X_{7.4}$	协同监管
	$X_{7.5}$	反垄断执法
政策领域 X_8	$X_{8.1}$	政务治理
	$X_{8.2}$	农业
	$X_{8.3}$	智慧城市
	$X_{8.4}$	教育
	$X_{8.5}$	线上零售
政策级别 X_9	$X_{9.1}$	国家级
	$X_{9.2}$	省（区、市）级
	$X_{9.3}$	其他
政策评价 X_{10}	$X_{10.1}$	依据充分
	$X_{10.2}$	目标明确
	$X_{10.3}$	规划翔实

（二）建立多投入产出表

PMC指数模型的多投入产出表是通过构建由一级变量、二级变量组成的测度表，对变量进行多角度测量的框架。本书中设定所有二级变量的权重相等，其参数值采用二进制，即若某项政策文本中含有相应二级变量含义的内容时，该二级变量的参数值标记为1，否则取值结果为0。我国平台经济治理政策的多投入产出表如表6-5所示。

表6-5 我国平台经济治理政策的多投入产出表

一级变量	二级变量
X_1	$X_{1.1}$，$X_{1.2}$，$X_{1.3}$，$X_{1.4}$
X_2	$X_{2.1}$，$X_{2.2}$，$X_{2.3}$
X_3	$X_{3.1}$，$X_{3.2}$，$X_{3.3}$，$X_{3.4}$，$X_{3.5}$
X_4	$X_{4.1}$，$X_{4.2}$
X_5	$X_{5.1}$，$X_{5.2}$，$X_{5.3}$，$X_{5.4}$，$X_{5.5}$
X_6	$X_{6.1}$，$X_{6.2}$，$X_{6.3}$，$X_{6.4}$
X_7	$X_{7.1}$，$X_{7.2}$，$X_{7.3}$，$X_{7.4}$，$X_{7.5}$
X_8	$X_{8.1}$，$X_{8.2}$，$X_{8.3}$，$X_{8.4}$，$X_{8.5}$
X_9	$X_{9.1}$，$X_{9.2}$，$X_{9.3}$
X_{10}	$X_{10.1}$，$X_{10.2}$，$X_{10.3}$

（三）PMC指数计算

PMC指数的计算步骤如下。

（1）依照平台经济治理政策文本构建变量，包括一级变量和二级变量，计算公式如下：

$$X \sim N[0, 1] \qquad (6-1)$$

（2）建立多投入产出表并依据文本挖掘法和二进制法赋予二级变量具体数值，计算公式如下：

$$X = \{XR：[0 \sim 1]\} \qquad (6-2)$$

（3）计算一级变量值，结合上一步二级变量的赋值进行计算，计算公式如下：

$$X_t\left(\sum_{j=1}^{n}\frac{X_{ij}}{T(X_{ij})}\right), \quad t = 1, 2, 3, \cdots \qquad (6-3)$$

式中，t 为一级变量，j 为二级变量，X_{ij} 为二级变量的值，n、T 为某一级变量下包含的二级变量的数量。

（4）计算待评估的各项平台经济治理政策的 PMC 指数，将式（6-3）中计算出的一级变量进行加总，得到式（6-4）。其中 z、v、k、l、m、s、u、y、n、w 分别为第一至十个一级变量下包含的二级变量的数量。

$$\text{PMC指数} = X_1\left(\sum_{z=1}^{4}\frac{X_{1z}}{4}\right) + X_2\left(\sum_{v=1}^{3}\frac{X_{3v}}{3}\right) + X_3\left(\sum_{k=1}^{5}\frac{X_{5k}}{5}\right) +$$

$$X_4\left(\sum_{l=1}^{2}\frac{X_{2l}}{2}\right) + X_5\left(\sum_{m=1}^{5}\frac{X_{5m}}{5}\right) + X_6\left(\sum_{s=1}^{4}\frac{X_{4s}}{4}\right) +$$

$$X_7\left(\sum_{u=1}^{5}\frac{X_{5u}}{5}\right) + X_8\left(\sum_{y=1}^{5}\frac{X_{5y}}{5}\right) + X_9\left(\sum_{n=1}^{3}\frac{X_{3n}}{3}\right) +$$

$$X_{10}\left(\sum_{w=1}^{3}\frac{X_{3w}}{3}\right) \tag{6-4}$$

由此，得到各项平台经济治理政策的 PMC 指数，如表 6-6 所示。

表 6-6　各项平台经济治理政策的 PMC 指数

项目	X_1	X_2	X_3	X_4	X_5	X_6	X_7	X_8	X_9	X_{10}	PMC 指数	评级
P1	1.00	0.33	0.60	1.00	0.60	0.75	0.20	0.60	0.33	1.00	6.41	可接受
P2	1.00	0.33	1.00	1.00	0.80	0.75	0.40	1.00	0.33	1.00	7.61	优秀
P3	1.00	0.33	1.00	1.00	0.80	0.50	0.40	1.00	0.33	1.00	7.36	优秀
P4	1.00	0.33	0.80	1.00	1.00	0.50	0.20	0.80	0.33	1.00	6.96	可接受
P5	1.00	0.33	0.80	1.00	0.80	0.25	0.20	0.80	0.33	1.00	6.51	可接受
P6	1.00	0.33	0.40	1.00	0.60	1.00	0.80	0.60	0.33	0.67	6.73	可接受
P7	0.75	0.33	0.40	0.50	0.60	0.75	0.40	0.20	0.33	0.67	5.18	可接受
P8	1.00	0.33	0.80	1.00	1.00	0.75	0.80	0.60	0.33	0.67	7.28	优秀
P9	1.00	0.33	1.00	1.00	0.80	1.00	1.00	1.00	0.33	1.00	8.46	优秀
P10	0.75	0.33	0.60	1.00	0.80	0.50	0.80	1.00	0.33	0.67	6.78	可接受
P11	1.00	0.33	1.00	1.00	1.00	1.00	1.00	1.00	0.33	1.00	7.66	优秀
P12	0.50	0.33	0.40	1.00	0.40	0.50	0.60	0.20	0.33	0.67	4.93	不达标
P13	0.50	0.33	1.00	1.00	0.80	0.25	0.20	1.00	0.33	0.67	5.28	可接受
P14	1.00	0.33	1.00	1.00	1.00	1.00	1.00	1.00	0.33	0.67	8.13	优秀
P15	1.00	0.33	1.00	1.00	1.00	1.00	0.80	1.00	0.33	1.00	8.46	优秀

续表

项目	X_1	X_2	X_3	X_4	X_5	X_6	X_7	X_8	X_9	X_{10}	PMC指数	评级
P16	0.75	0.33	0.80	1.00	0.60	0.75	0.60	1.00	0.33	0.67	6.83	可接受
P17	1.00	0.33	0.40	1.00	0.60	1.00	0.80	0.60	0.33	0.67	6.73	可接受
P18	1.00	0.33	0.80	1.00	0.80	1.00	0.60	0.60	0.33	1.00	7.46	优秀
P19	0.75	0.33	1.00	1.00	0.40	0.50	0.20	0.75	0.33	0.67	5.83	可接受
P20	1.00	0.33	0.80	1.00	0.60	0.75	0.80	0.80	0.33	1.00	7.41	优秀
P21	0.75	0.33	0.40	1.00	0.20	0.50	0.40	0.40	0.33	0.67	4.98	不达标
P22	1.00	0.33	0.80	1.00	0.60	0.25	0.20	1.00	0.33	1.00	6.51	可接受
P23	1.00	0.67	0.60	1.00	0.60	0.25	1.00	0.50	0.33	1.00	6.65	可接受
P24	1.00	0.33	0.40	1.00	0.80	0.25	0.20	0.80	0.33	1.00	6.11	可接受
P25	1.00	0.33	0.40	1.00	0.60	1.00	0.80	0.20	0.33	0.67	6.33	可接受
P26	0.75	0.33	0.80	1.00	0.40	1.00	0.20	0.50	0.33	0.67	5.98	可接受
P27	1.00	0.33	0.80	1.00	0.60	1.00	0.40	0.40	0.33	1.00	6.86	可接受
均值	0.91	0.34	0.71	0.98	0.70	0.67	0.53	0.69	0.33	0.84	6.72	—

依据 PMC 指数值对各项平台经济治理政策展开一致性评定，各项政策指标总得分为 9 分。参照 Ruize 的观点，可设置一定的评价等级，具体可分为四级：指数分值位于 9.00～10.00 代表政策完美，位于 7.00～8.99 代表政策优秀，位于 5.00～6.99 代表政策可接受，位于 0.00～4.99 代表不达标。

（四）PMC 曲面图构建

为了直观地展示平台经济治理政策文本量化评估结果，通常采用绘制 PMC 曲面图的方式，来清晰分析各政策变量的趋势与评估值。根据 PMC 指数，可构建 **PMC 矩阵**，绘制政策的 PMC 曲面图，使各项政策的优劣势更加直观、立体和清晰。**PMC 矩阵**是一个 3×3 矩阵，由 9 个一级变量组成。绘制 PMC 曲面图需要借助 **PMC 矩阵**结果，构建正方形矩阵可以保持 PMC 曲面完美的对称性。由于 X_{10} 只是表明政策主体的类型，所以不采用 X_{10} 绘制 PMC 曲面图。**PMC 矩阵**的表现形式如下：

$$\mathrm{PMC} = \begin{bmatrix} X_1 & X_2 & X_3 \\ X_4 & X_5 & X_6 \\ X_7 & X_8 & X_9 \end{bmatrix}$$

根据 **PMC** 矩阵绘制 PMC 曲面图，以优秀级政策中 PMC 指数较高的政策 P9 和较低的政策 P8，可接受级政策中 PMC 指数较高的政策 P4 和较低的政策 P7，以及不达标政策中 PMC 指数较高的政策 P21 为例进行展示，如图 6-3 所示。

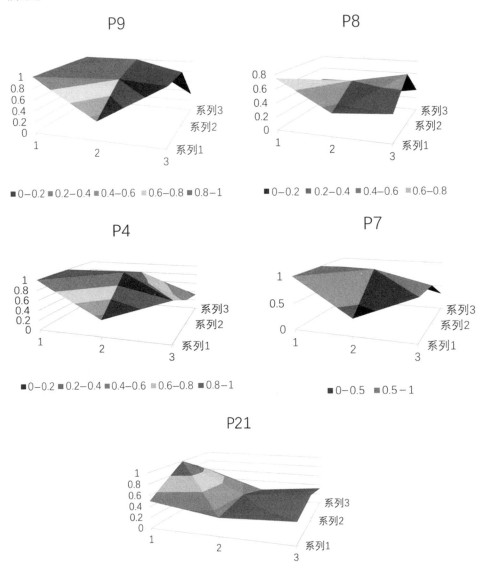

图 6-3　具有代表性的 5 项政策的 PMC 曲面图

二、平台经济数字治理政策文本量化结果分析

根据 PMC 指数，我国平台经济治理政策的整体情况如下。

第一，我国平台经济治理政策中没有完美级别的政策，被研究的 27 项政策可划分为三个等级，平均水平为可接受级。其中，湖北、吉林、黑龙江、辽宁、浙江、福建、河南等的平台经济治理政策等级达到优秀级，而上海、重庆、山西、广西、山东、武汉、安徽等的平台经济治理政策为可接受级，四川、海南的平台经济治理政策为不达标级。从平均水平来看，目前我国平台经济治理政策 PMC 指数平均值为 6.72，处于可接受级，且接近优秀级，说明我国平台经济治理政策的制定水平整体不错，虽然专项政策的数量不多，但是政策制定考虑较为全面，内容较为详细。

第二，与完美级政策相比，我国平台经济治理政策水平尚有提升空间。具体而言，在政策性质、政策对象、政策评价上的平均得分都高于 0.80，说明我国平台经济治理政策性质层面能较全面地体现引导性、描述性、监督性和诊断性；政策对象不仅面向企业进行权益保障、政策环境等支持，也为政府执行治理政策提供了明确的规划；从政策评价维度而言，已有样本政策均满足了依据充分、规划翔实、目标明确等要求。

在政策目标、激励措施、权益保障、政策领域等方面的平均得分在 0.65 左右，证明在这些维度上我国平台经济治理政策还有提升空间，说明平台经济治理政策内容包含的发展目标的设计期限值比较单一，在不同期限的目标考虑不够全面。在激励措施方面给予了较宽松、稳定的政策环境，在人才、资金等方面提供了一定的保障。在权益保障方面主要是从企业主体责任、消费者权益保障、信用体系等层面进行较充分的规范。在政策领域方面部分涉及了政务、智慧城市、农业、线上零售、教育等行业，并未全面分析平台经济的应用场景。在政策时效、政策监管等方面的投入还很欠缺，应进一步考虑政策的短期目标与中长期目标的结合，需确保政策制定的有效性。既要有前瞻性的长期目标的制定，也要注重长期目标的分解，让中期目标和短期目标成为长期目标实现过程中的重要组成部分。在政策监管方面应进一步创新监管模式，探索适应各地产业结构特色、技术基础的监管模式，多元化、个性化规范平台经济治理。

根据政策评级结果，结合中央和地方各级政策的 PMC 指数，对 27 项平台经济治理政策的具体情况分析如下。

在优秀级政策中，P8 作为中央级别的政策，是由国家发改委等部门联合

发布的《关于推动平台经济规范健康持续发展的若干意见》,其作为当前各省(区、市)平台经济治理政策的基本政策,进一步转变了平台经济治理政策目标,强调了发展和规范并重的原则,规范平台经济健康发展。这表明中央在制定这项政策时考虑得比较全面,政策水平较高。P1 政策的优化路径为 X_9。P2、P3、P9、P11、P14、P15、P18、P20 分别来自湖北、吉林、黑龙江、辽宁、江西、浙江、福建和河南,作为省级政策均达到了优秀级别,对于湖北、河南、吉林而言,可进一步优化监管机制,结合平台经济特征,采用"互联网＋监管"、实时监管、全生命周期监管、信用监管等新型监管方式。对于辽宁、福建等而言,需在政策领域多元化、全场景化方面进行完善,同时也需要进一步明确政策目标。P2、P3、P20 的优化路径为 X_7;P11 的优化路径为 X_3—X_8;P18 的优化路径为 X_8。

对于可接受级政策而言,P7、P27 作为中央级别的政策,主要是反垄断等方面的专项政策,因此在政策领域、激励措施层面还有待加强。P6 作为 P8 的基础,在政策目标、激励措施、政策领域发展均做了进一步完善,从而形成了相对优秀的 P8。P7 的优化路径为 X_8—X_4—X_3—X_7—X_5。P27 的优化路径为 X_8—X_5。P6 的优化路径为 X_3—X_5—X_8。P1、P4、P5、P13、P16、P19、P22、P24、P25、P26 作为省(区、市)级政策评分为可接受级。具体而言,江苏、陕西、上海、安徽、广东等省(区、市)在权益保障和监管机制层面的措施均过于单一,且广东省政策目标指示不明,政策性质主要以描述、引导为主。重庆、山西、广西、山东、青海等省(区、市)主要是在政策性质、政策目标、权益保障和激励措施层面有待完善。对于省会城市政策而言,武汉市政策评分为可接受级,主要是在政策目标、激励措施、权益保障、监管机制方面存在明显不足,尤其是监管机制层面仅采用事中、事后监管方式,措施过于单一,并不能实现监管的有效性;对平台经济发展中涉及的企业社会责任缺失或异化、权益保障等问题考虑尚浅。P21 的优化路径为 X_6—X_7—X_2—X_5。

在不达标政策中,P12、P21 的评分明显低于其他地方政策,其在政策性质、政策目标、激励措施、权益保障、政策领域等方面均存在明显不足,需要全面完善平台经济治理政策的激励措施,包括人才、资金、税收等方面;落实企业主体责任,维护消费者权益,优化营商和信用环境,构建多模式、多场景的政策适用领域。P12 的优化路径为 X_8—X_4—X_3—X_5—X_6,P21 优化路径为 X_5—X_8—X_3—X_1—X_6—X_7。

三、平台经济数字治理政策文本量化评价

根据评估指数及 PMC 曲面图,我国平台经济治理政策的制定整体而言是

相对科学合理的，对助力我国平台经济良性发展起到了顶层设计的作用。中央层面的平台经济治理政策制定水平都较高，这也直观反映了我国平台经济健康发展政策中考虑了平台经济发展趋势及特征，因此制定的政策方案科学合理。

对于具体的评价指标而言，低于平均值的指标主要集中于政策时效 X_2、权益保障 X_6、监管机制 X_7、政策级别 X_9。这说明平台经济治理政策制定以短期目标为主或短期目标与中长期目标相结合，这是由于平台经济创新发展迅速，为保证政策的实时性，并符合平台经济特征，政策时效不宜过长。权益保障和监管机制作为平台经济规范治理中的重要手段，应以多元化、个性化、精准化、智能化方式为治理效能提供有效保障。

第四节 平台经济治理的制度优化

一、基于政策工具分析的政策动态优化

为发挥平台经济治理政策文本中政策制度的最大效能，政策工具和政策评估内容要素应结构合理，不同类型的政策工具之间也要协调互补。

（1）进一步合理优化政策工具结构比例，注重对政策工具的整体性规划。政策制定者在合理设置政策工具时，应充分考虑各种政策工具的特征。一方面，我国平台经济治理政策工具中，对需求型政策工具使用不足，尚未考虑通过政府采购等工具，其拉动效果不明显，应合理使用政府采购等政策工具，拉动社会整体对平台的使用需求；应进一步提高需求型政策工具在企业市场准入、平台企业主体责任、权益保障、数据要素共享等方面的运用。另一方面，针对同一问题，可以加强不同工具间的相互联动和相互促进。如针对平台经济治理中的权益保障问题，在大量运用环境型政策工具的同时，可以增加供给型政策工具的运用，以多种方式鼓励或支持对企业或消费者权益保护方面的投入，搭配奖励、惩戒等工具的使用。

（2）建立政策工具的追踪评价机制，动态优化政策方向。现阶段平台经济治理运用较多的是环境型政策工具和供给型政策工具。环境型政策工具产生的效果具有不确定性、无形性，难以估量。因此，应不定期对运用效果做出测量和评价，及时调整或停止使用效果不明显的工具。平台经济治理政策文本代表了政府指引和保障我国平台经济健康发展的方向，应体现产业发展趋势的一致性，因此需动态评估、及时调整。

（3）选择与运用基于政策网络的形态创新政策工具。如今已逐步形成由三大类主体构成的平台经济治理政策网络。随着平台经济的发展和政策工具的运用，该政策网络的主体将更加广泛，涉及的利益关系将更加复杂，未来平台经济治理政策工具运用应充分考虑政策网络的形态。一是要充分考虑平台经济治理政策网络的规模性、复杂性。随着平台经济与传统产业的跨界融合愈发明显，越来越多的人参与到平台经济中，越来越多的问题发生于平台经济中，政策网络的规模不断扩大，复杂程度日益提升，可能需要增加采用象征劝告型工具进行宣传和教育，同时采用其他信息类工具。二是要完善平台经济治理网络。针对社会力量的治理功能发挥不足等现状，结合行业组织、新闻媒体、平台从业人员等主体的优势，探索能够增强互联网用户的权益保护意识等方面的政策工具。三是由于政策工具运用过程中会塑造目标群体的行为，为此，应加强对政策工具运用之后政策网络变化的预测，根据政策网络的变化调整和开发政策工具。

二、基于政策评价分析的政策动态优化

首先，从政策性质维度来看，当前我国平台经济治理政策性质主要是在政策预测、监管、建议、描述和引导上。然而，就平台经济治理实践来看，对平台经济治理的监管力度或行为规范较缺乏。因此，一方面，应加强对平台经济的科学、合理的政策监管方式，结合平台经济特征，借助"互联网＋监管"、实时监管、全生命周期监管等新型监管方式，强化监管部门的职能，以确保平台经济治理政策执行效能。另一方面，为提升政策执行的精准性、有效性、系统性，政策文本中可指明各政府部门政策行动指南，以促进政策精准有效执行。

其次，从政策时效维度来看，我国中央和地方平台经济治理政策中，并未很好地考虑对中期目标、长期目标及短期目标的结合，主要表现在确保长期目标实现的过程中，尚未充分明确中期及短期目标内容。虽然平台经济创新发展迅速，需确保政策制定的实时有效性，但不应忽视长期目标设计中前瞻性的原则，也需对长期目标合理分解，让中期目标和短期目标合理完成，以助力长期目标的实现。短期目标的达成可确保政策执行的基本效果，但也应充分意识到政策目标的系统性更有利于系列政策的贯彻执行。

最后，从政策作用客体维度来看，平台经济政策约束了多元主体，也布局了经济、制度和技术维度的平台企业治理问题，但随着平台经济发展所呈现出的平台企业社会责任缺失或异化、算法治理、平台劳工权益保障等问题均未涉

及。因此，可进一步扩展平台经济政策作用客体维度，尤其是在社会层面的治理问题，如平台企业社会责任、平台经济价值共创等。

本章小结

　　围绕平台经济治理政策文本评价这一主题，本章依托 27 份政策文本数据，运用基于政策工具评价的 PMC 框架分析平台经济治理的政策内容、政策工具使用、政策时效等，系统梳理了我国从中央到地方的平台经济治理政策发展，为政策制定者调整未来政策方向、提高平台经济治理整体效能提供理论参考。研究发现：① 将政策特征、政策工具、政策评价置于同一理论分析框架中，可实现质性的公共政策分析和量化的政策文本研究的相互印证，有利于引导政策制定者的政策理论与思维的完善；② 我国平台经济治理政策综合运用了供给型政策工具、需求型政策工具和环境型政策工具，且呈现出以供给型政策工具和环境型政策工具为主，需求型政策工具使用不足的特征；③ 从平均水平来看，目前我国平台经济治理政策 PMC 指数平均值为 6.72，处于可接受级，且接近优秀级，说明我国平台经济治理政策的制定水平较为合理，虽然专项政策的数量并不多，但是政策制定考虑较为全面，内容较为详细。因此，本章基于政策工具分析结果，提出应从协调政策工具结构比例、加强政策工具的整体性规划，建立政策工具的追踪评价机制、动态优化政策方向，以及选择与运用基于政策网络的形态创新政策工具等方面进行政策优化。基于政策评价分析结果，提出可进一步在政策时效、监管机制和权益保障维度进行政策优化。

第七章

"组织-技术-制度"三维框架下平台经济数字治理体系的实施路径

平台经济的双边市场性、网络外部性等特征使得平台经济在提高资源配置效率、降低企业成本的同时,也带来了市场失灵、金融风险、数据安全等问题,传统治理方式已无法适应平台经济治理的需要。数字时代的平台治理是一个由公共管理、社会治理与数字治理共同作用,全球性、跨领域、多层级的复杂性过程,需要对平台的垄断、算法数据、主体权责、技术异化等进行并行治理,在平台盈利性与社会性之间、专属性与公共性之间、创新性与生态性之间寻找适应性平衡,构建平台治理的系统化机制,通过科学有效的平台治理行为,推动其健康有序发展。[①] 本书通过深入分析国内外平台经济的发展现状,揭示平台经济的双边市场和网络外部性等特征,探究平台经济的演进规律及发展趋势;研究平台经济高质量发展面临的主要问题,揭示平台经济市场失灵的经济学原因;从治理理论、方法、技术和社会多个层面,剖析传统治理在平台经济高质量发展中的困境及其根源,运用现代治理理论提出了破解传统治理失效问题的思路。以保障平台经济"安全、效率、公平"三位一体均衡发展为目标,以解决平台经济高质量发展中面临的"规模与垄断""创新与风险"两难境地为总体问题,以"三融五跨"协同为逻辑起点,系统研究了促进平台经济高质量发展的数字治理理论逻辑、全域协同的组织治理机制、全程智能的技术治理系统和持续优化治理制度,形成平台经济"组织治理—技术治理—制度治

---

① 范如国:《平台技术赋能、公共博弈与复杂适应性治理》,《中国社会科学》2021年第12期。

理"的现代化数字治理体系。从组织、技术、制度层面,提出"组织-技术-制度"三维框架下平台经济数字治理体系的实施路径(见图7-1),主要包括以基础设施助力数字治理政策实施、以主体协同助力多元共治关系、以制度体系助力数字治理行动保障。在通过数字治理促进平台经济高质量发展的同时,促进治理理论、理念和方法的创新、转型与升级。为平台经济高质量发展提供更为科学的理论指导,在丰富、发展和完善政府规制等相关理论的同时,助力中国经济发展尤其是平台经济发展实践。

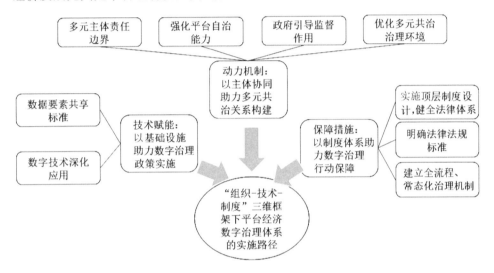

图7-1 "组织-技术-制度"三维框架下平台经济数字治理体系的实施路径

第一节 技术赋能:以基础设施助力数字治理政策实施

在平台经济数字治理体系中,依托数据资源和数字技术挖掘用户信息、预测平台行为、识别潜在风险等,成为平台经济协同治理的重要手段。数字技术的创新应用以及治理深度可有效降低平台经济的复杂性、风险性导致的治理难题。因此,在平台经济治理过程中,需广泛应用大数据、人工智能、区块链、物联网等数字技术,一方面可以减少共治与监管的交易成本,另一方面可减少由于信息不对称等导致的治理博弈,进一步丰富平台经济治理的技术手段和方式。平台经济数字治理不仅仅是外部治理,还应该积极借助技术手段,基于平台汇聚的数据要素资源进行内部治理。一方面,可以通过数据分析优化内部运营流程、提升精准治理效能,有效预估消费者需求。另一方面,可依托数字技术实现对平台主体多方的精准化、智能化、系统化的数字治理。有效的数据资源、坚实的数字基础设施，共同助力平台经济数字治理，助力数字治理政策实施。

一、构建数据要素共享标准体系

（1）建立数据要素标准体系，确保全生命周期数据治理标准化。数据治理是规范平台竞争的逻辑起点。应建立统一的数据采集标准体系，对跨层级、跨地域、跨系统、跨部门、跨业务的多源异构数据进行分类、编码，规范数据采集流程，设立数据储存、开放共享、技术接口、交换接口、访问接口、安全保密等关键共性标准，同时制定规范化操作细则，并对数据进行分类管理，建立基础数据库，提升平台数据利用效率。

（2）加强数据共享过程中的规范化。数据共享过程中的规范化可以进一步提升多源数据采集效率，确保数据安全。通过分析海量数据间的内在联系，挖掘数据背后的业务、运营或行业规律，打破壁垒，实现数据广泛共享。强化数据安全保障，提高基础数据库的安全性。加快执行和完善数据安全层面的法律法规及相关措施，加强参与主体对数据安全问题的意识，划清数据权属，防止个人隐私数据的泄露或不法使用，规范数据的依法采集、存储和使用。设置数据安全的风险保护等级，构建一系列完整的风险评估、监测、预警流程，确保数据安全、合规、高效使用。

（3）避免算法异化，强化数据处理和使用中的伦理问题。为避免实际操作过程中的强运营、弱伦理、弱实效等现象，平台提供的公共服务应综合考虑消费者差异，尤其是对区域性、人群间的差异，充分体现数字治理的情感和温度，合理解决数字技术带来的技术伦理难题。平台拥有包括交易主体、消费者/使用者、全情境、全要素、全过程数据，这些数据在问题识别、纠纷处理、风险感知、危机应对、国家安全中发挥着不可替代的作用，平台应确保数据安全，防止数据泄露、数据乱用。

二、落实数字技术持续深化应用

（1）深化数字技术应用场景。区块链、大数据、人工智能等数字技术为平台经济数字治理提供多样化、有效性手段和方式。一是加强基于大数据的事前预警治理。为提高事前预警能力，可依托大数据技术手段实现预判式的风险预警及异常行为的态势感知。针对感知风险进行预警，降低治理方案响应延迟速度，确保相应治理措施能及时落地，并根据大数据挖掘和预测快速识别风险点进行预警，为精准治理提供决策依据。二是创新"区块链技术＋数据协同"模式。依托区块链技术的去中心化、不可篡改、可溯源等特点，进行在线电子数据取证、数据保全、数据共享等，提升平台经济治理能力。

（2）加强基础设施建设载体作用。数字技术治理是平台经济治理的方式，而其底层需要有力的基础设施作为技术保障。新基建是技术创新的新载体，5G、人工智能、大数据、物联网、云计算和区块链等技术的融合创新和场景化应用均离不开新基建的助力。新基建构建大数据治理结构体系，在打破原有层级结构和组织壁垒的基础上，变革传统的经验决策判断方式，依托大数据驱动决策模式，提高决策科学化水平。

第二节 动力机制：以主体协同助力多元共治关系构建

一、明确多元主体责任边界

平台经济数字治理正处于发展初期，多元治理主体的定位、功能分析仍有待明确和优化。首先，应界定政府主导者、平台企业及相关参与者的角色定位，实现以政府引导为基础，平台企业自治为主，社会组织、消费者或相关合作者的角色协同为定位的多元关系。其次，应明确政府主导或政府与平台多元主导等协同治理模式之间的责任边界。在协同治理过程中，既要明确各平台主体地位，同时也要明确权责清单，科学、合理分配各主体责任权重，力求在规范中发展、在发展中稳定，压实责任，在保证协同治理高效合理的基础上维护平台经济创新发展的动力及积极性。

二、强化平台自治能力

数据要素及数字技术在平台经济治理中深化应用，平台依托大数据技术进行智能决策，为实现平台自治提供重要支撑。通过对平台行为要素的态势监测与识别，能从无序、抽象、冗余的海量平台数据中挖掘、识别出异常行为数据，通过整合与梳理，形成有序、具体、精练的信息，评估异常行为潜在损失，结合行业全息画像及分类分级治理规则，评估平台企业行为的态势级别，从而有效控制平台及第三方的经营风险。平台企业应面向平台服务提供方、服务需求方构建规范多方主体行为的自治规则体系,包括入驻企业信息核验、服务质量保障、内容合规审查、数据安全保障、用户信用认证、风险预警评估等多个方面。平台根据自身的行业特征、业务类型差异做好自我合规,并且这些平台内生治理规则也将成为政府治理的重要补充。平台企业在政府的规制与监管框架下落实主体责任:其一,平台企业需要积极推动产业自我规制,在政府的授权与协调之下,监督和打击平台内不良经营者,监督和处理市场违规行为,为平台经济的规范发展开辟前行通道;其二,平台企业必须自觉接受政府与社会公众的监督,慎用、善用手中的权力,将对私人利益的追逐与对公共利益的维护紧密结合,实现企业发展目标与经济社会发展目标的有机结合。

三、发挥政府主体的引导监督作用

首先,政府应通过建立必要的行政理念,做好顶层设计,从动态调整市场准入门槛、维护市场公平、维护中小微平台企业的利益、推进信用体系建设等角度构建平台的市场营商环境,为平台新业态、新模式发展提供良好的行政制度保障;其次,面向平台治理多元主体间的监督目标和利益诉求的差异性,可在尽可能整合多方意见的基础上进行公开透明的利益协商,科学合理地解决利益差异化所产生的信息不对称;最后,要加强政府对于平台违法违规行为的监督惩戒,维护稳定、公平的市场秩序。清晰行政权力边界,强化制度实施的质性机制,优化平台监督审查机制,严禁利用数据权力干扰政府治理。

四、优化多元共治的协同治理环境

行业组织、公众等作为平台经济数字治理的补充主体,具有与平台企业和政府不同的治理优势,也应发挥各自优势、参与治理,最终形成多主体共同参与的协同治理体系。行业组织、公众等相关参与治理的主体对平台经济规范发展有着重要影响,应健全公众及行业组织参与平台监督的机制。如行业组织作为行业中介力量,可规范平台准入门槛,预防入驻商户失信行为,并建立在线公示机制,加大平台企业经营活动的透明度、公开度,加强社会监督影响力。共同搭建多元协同监管体系,提升平台经济协同治理效果。主要可以通过优化监管手段,将事后惩罚监管前移至事前预警监管、事中实时监管,打造全生命周期监管体系,降低监管风险。强调平台面向使用者的重大规则决策过程公开制度,接受公众的参与和监督,对用户更多赋权以制约平台私权力的滥用,聘请了解平台运行规则的社会组织进行监督。此外,由于行业、领域、业务类型、场景差异，多元主体协同治理过程中的参与度存在一定的差异，应基于以上特征，结合行业全息画像及分类分级规则，制定合理的协同治理关系。

第三节 保障措施：以制度体系助力数字治理行动保障

一、确保顶层制度设计，健全法律体系

当前，平台经济法律体系尚不完善，在数据治理、反垄断、平台责任等方面存在较多模糊地带。从法律层面，政府应构建完善的平台经济相关法律体系，界定明晰的平台经济主体责任，约束各主体行为，维护公正、公平的经济市场秩序，规避平台经济运行风险，打击反垄断等不正当竞争行为及破坏消费者权益等行为，用法律制度维护平台经济数字治理健康安全运行。这不仅需要重新精准界定平台经济的含义、范围、行业分类分级标准、行业行为特征等规范，也需要针对各领域、各行业制定具体可执行的细化准则。对平台经济相关法律体系可从以下三个方面进行完善。

（1）完善平台经济数据治理立法。统一的数据分类分级标准是确定多源数据应用场景、保护标准等级的基础。如对一般数据、重要数据与核心数据的类型划分，在数据保护实践中也应采用差异化的保护标准。此外，还应针对数据治理立法形成包括法律、行政法规、部门规章的法律体系，比如，平台经济中《中华人民共和国个人信息保护法》《中华人民共和国数据安全法》的实施，还需要进一步制定相应的配套法规与实施细则予以保障。

（2）完善平台权责设置立法。首先，立法应当明晰平台权利与公权力之间的边界问题，同时还应明确不同类型平台的权利范围，确保政府在合法权力边界范围内对平台权利越界行为进行及时干预、规范。其次，立法应当完善平台维护公共利益的义务体系。具有公共属性的平台应当承担一定的社会责任，如追逐私利的平台往往会忽视公共利益，包括平台劳工权益保障、消费者隐私权保护等，政府应对其进行适当干预。

（3）完善平台经济竞争规制立法。科学界定平台企业垄断及相关的限制竞争行为，是进行平台反垄断有效治理的重要依据。完善平台经济竞争规制立法也是健全数字治理法律体系的重要内容。首先，应制定规范平台垄断及相关行为的界定方法。已有的传统方法很难识别平台垄断及不正当竞争行为，应通过数据、算法等技术治理手段，挖掘多边竞争具体行为中潜在的垄断风险，创新

界定市场和认定市场支配地位的方法,为政府对平台经济的反垄断干预厘清边界。其次,应进一步精准界定竞争立法中的中性模糊用词。法律中用词的模糊性会造成政府在干预实践中难以对法律进行有效适用。网络不正当竞争行为的隐蔽性、多样性等,使得已有竞争立法用词不够精准。为此,需在立法中界定精准用词以凸显竞争行为的不正当性,避免歧义或不精准。

二、明确平台经济治理的法律法规标准

由于平台经济新业态、新模式层出不穷,引发的新兴监管问题缺乏统一治理标准,对于新产生的问题缺乏统一的界定标准。因此,需整合、梳理现有的平台经济治理典型问题,分类分级制定统一标准,加强平台分级认定的动态化,明确反垄断执法机构认定平台分级的周期间隔,加强认定标准的动态化。我国互联网平台分级,或可实现超大型平台与大型平台之间的动态转换,对于不符合超级平台定量标准的平台,倘若反垄断执法机构要将其认定为超级平台,应当要求其至少符合大型平台的定量标准,始终以正当程序保障互联网平台分级的审查、裁量性义务的确定以及义务履行的监督,在与平台企业沟通、协商中实现对平台经济的有效规制[1],并确保各区域、各领域、各部门均能按照统一标准执行,从法律层面确保治理协同,共同促进平台市场的健康有序发展。

三、建立全流程、常态化平台经济治理机制

面对平台经济治理问题的随机性、复杂性,可借助新型治理方式,优化全生命周期的治理模式,建立事前市场准入机制、事中数据管控机制、事后执法保障机制,确保平台经济治理行动得到有效保障。

(1)事前市场准入机制。在平台经济事前干预中,政府对平台的行为监管应持包容审慎的态度,对于超级平台、大型平台及中小平台执行差异化监管策略,以强化状态监管为主,助力平台自治,为平台的创新发展提供良好的基础环境。建立平台经济分类分级治理规则与行业全息画像精准适配的准入规则。在平台经济的市场准入方面,政府可以依据平台全息画像特征以及相关市场失灵的危害大小,罗列差异化的负面清单,制定平台经济分类分级治理规则,为

---

[1] 薛克鹏、赵鑫:《平台反垄断规制理念转型的制度障碍及破解》,《探索与争鸣》2022年第7期。

政府自身划定清晰的干预边界。

（2）事中数据管控机制。事中治理流程中，主要基于平台数据及数字技术实现实时管控，促进平台善治。数据是平台经济数字治理的核心要素，应针对多源数据类型优化，公开数据采集、处理和运用全流程，进一步创新平台数据监管方式，包括数字化监管、精准监管、实时可穿透式监管，明确个人数据权属，避免由于算法异化产生的权益保障难题，增强对数据滥用、数据垄断等行为的制度管控。同时，对于依托数据资源采集、分析进行合理的运营优化、业务模式创新、服务质量提升等应予以支持。此外，政府应设置价格机制、声誉机制、支付担保机制等多元化的市场管控机制，监管平台内部风险。

（3）事后执法保障机制。在平台事后治理过程中，为确保治理的有效性，可进一步加强对执法内容和程序的优化，充分利用跨部门合作和联合执法等方式合理行使剩余立法权，并加强执法力度，进一步确保执法科学合理。一是可以针对平台行业分类分级画像及治理规则设置阶梯式、差异化的责任分区治理机制，在权责对等、技术中立的基础原则下，考量平台规模、社会需要、行业类型等差异，合理匹配精准权利、义务要求，避免承担过高或过低法律责任。二是实施有效沟通反馈机制。为确保治理机制实施的有效性，应通过全生命周期流程治理，及时与平台或其他主体进行沟通反馈，获取精准的、实时的、深入的治理经验，为其他平台或相似案例的事前预防或实时处理做好经验储备，优化治理策略。政府构建平台经济数字治理的全流程中，应以激励、引导等内嵌于市场机制的软干预手段为主，强化平台规制责任、促进平台履行规则，融合平台消费者、平台内商家多主体自治与共治。

本章小结

数字时代的平台治理是一个由公共管理、社会治理与数字治理共同作用，全球性、跨领域、多层级的复杂过程，需要对平台的垄断、算法数据、主体权责、技术异化等进行并行治理，在平台盈利性与社会性之间、专属性与公共性之间、创新性与生态性之间寻找适应性平衡，构建平台治理的系统化机制，通过科学有效的平台治理行为，推动其健康有序发展。本章围绕平台经济高质量发展的现代化治理体系与现代化治理能力构建，延伸和细化平台经济治理效能内涵，形成平台经济"组织治理—技术治理—制度治理"的现代化数字治理体系，从组织、技术、制度层面，提出"组织-技术-制度"三维框架下平台经济数字治理体系的实施路径，主要包括以基础设施助力数字治理政策实施、以主体协同助力多元共治关系构建、以制度体系助力数字治理行动保障。在通过数字治理促进平台经济高质量发展的同时，促进治理理论、理念和方法的创新、转型与升级。

主要参考文献

一、中文文献

[1] 白让让. 平台产业反垄断规制的执法范式、困境和新趋势——基于"谷歌购物案"的研究述评 [J]. 财经问题研究, 2020 (11): 42-50.

[2] 蔡倩, 李华. 我国税收运行效能的综合评价及其收敛性分析 [J]. 当代财经, 2019 (8): 25-36.

[3] 曹征, 张雪平, 曹谢东, 等. 复杂系统研究方法的讨论 [J]. 智能系统学报, 2009, 4 (1): 76-80.

[4] 曾维和. 当代西方政府治理的理论化系谱——整体政府改革时代政府治理模式创新解析及启示 [J]. 湖北经济学院学报, 2010, 8 (1): 72-78.

[5] 陈兵. 平台经济领域相关市场界定方法审视——以《国务院反垄断委员会关于平台经济领域的反垄断指南》第 4 条为中心的解读 [J]. 法治研究, 2021 (2): 89-101.

[6] 陈兵. 数字经济下相关市场界定面临的挑战及方法改进 [J]. 中国流通经济, 2021, 35 (2): 3-12.

[7] 陈兵. 因应超级平台对反垄断法规制的挑战 [J]. 法学, 2020 (2): 103-128.

[8] 陈端, 谢朋真. 平台经济的监管困境与治理优化 [J]. 经济, 2019 (12): 98-101.

[9] 陈富良, 郭建斌. 数字经济反垄断规制变革: 理论、实践与反思——经济与法律向度的分析 [J]. 理论探讨, 2020 (6): 5-13.

[10] 陈红玲, 张祥建, 刘潇. 平台经济前沿研究综述与未来展望 [J]. 云南财经大学学报, 2019, 35 (5): 3-11.

[11] 陈静,孟凡新.新发展阶段平台经济发展问题、演变走向及建议[J].商业经济研究,2023(11):102-106.

[12] 陈琳琳,夏杰长,刘诚.数字经济市场化监管与公平竞争秩序的构建[J].改革,2021(7):44-53.

[13] 陈少威,范梓腾.数字平台监管研究:理论基础、发展演变与政策创新[J].中国行政管理,2019(6):30-35.

[14] 陈水生.数字时代平台治理的运作逻辑:以上海"一网统管"为例[J].电子政务,2021(8):2-14.

[15] 陈讯.数字化普及、大数据应用与提升地方政府治理能力[J].贵州社会科学,2022(1):128-134.

[16] 陈志明,胡震云.UGC网站用户画像研究[J].计算机系统应用,2017,26(1):24-30.

[17] 程贵孙,陈宏民,孙武军.双边市场视角下的平台企业行为研究[J].经济理论与经济管理,2006(9):55-60.

[18] 戴汝为.系统科学与思维科学交叉发展的硕果——大成智慧工程[J].系统工程理论与实践,2002(5):8-11,65.

[19] 戴维·S.埃文斯,理查德·施马兰奇.连接:多边平台经济学[M].张昕,译.北京:中信出版社,2018.

[20] 戴长征,鲍静.数字政府治理——基于社会形态演变进程的考察[J].中国行政管理,2017(9):21-27.

[21] 单勇.数字平台与犯罪治理转型[J].社会学研究,2022,37(4):45-68,227.

[22] 邓理,王中原.嵌入式协同:"互联网+政务服务"改革中的跨部门协同及其困境[J].公共管理学报,2020,17(4):62-73,169.

[23] 翟云.中国大数据治理模式创新及其发展路径研究[J].电子政务,2018(8):12-26.

[24] 堵琴囡.政策工具运用和平台经济健康发展:基于我国平台经济治理政策的文本分析[J].浙江理工大学学报(社会科学版),2022,48(6):694-703.

[25] 杜传忠.政府规制俘获理论的最新发展[J].经济学动态,2005(11):72-76.

[26] 杜庆昊.数字经济协同治理机制探究[J].理论探索,2019(5):114-120.

［27］杜庆昊．数字经济治理逻辑演进和路径选择［J］．互联网经济，2020（Z1）：28-35．

［28］范如国．平台技术赋能、公共博弈与复杂适应性治理［J］．中国社会科学，2021（12）：131-152，202．

［29］浮婷，王欣．平台经济背景下的企业社会责任治理共同体——理论缘起、内涵理解与范式生成［J］．消费经济，2019，35（5）：77-88．

［30］付琳，张东雨，闫昊本，等．基于政策文本分析的中国碳减排政策工具研究［J］．科学学研究，2023，41（3）：435-443．

［31］高惺惟．平台垄断与金融风险问题研究［J］．现代经济探讨，2021（7）：68-75．

［32］龚密．史密斯模型视角下互联网平台经济反垄断政策执行研究［J］．湖北工程学院学报，2021，41（5）：97-103．

［33］顾立平．数据治理——图书馆事业的发展机遇［J］．中国图书馆学报，2016，42（5）：40-56．

［34］顾丽梅，李欢欢，张扬．城市数字化转型的挑战与优化路径研究——以上海市为例［J］．西安交通大学学报（社会科学版），2022，42（3）：41-50．

［35］郭海，李永慧．数字经济背景下政府与平台的合作监管模式研究［J］．中国行政管理，2019（10）：56-61．

［36］郭苏琳，黄微，李吉．区块链技术对舆情用户信息接受行为意愿的影响研究［J］．情报杂志，2020，39（10）：130-136．

［37］郭燕芬，柏维春．我国地方政府效能评价的实施现状——基于31省的政策文本分析［J］．兰州学刊，2019（1）：164-182．

［38］韩文龙，王凯军．平台经济中数据控制与垄断问题的政治经济学分析［J］．当代经济研究，2021（7）：5-15，2，113．

［39］韩兆柱，单婷婷．网络化治理、整体性治理和数字治理理论的比较研究［J］．学习论坛，2015，31（7）：44-49．

［40］韩兆柱，马文娟．数字治理理论研究综述［J］．甘肃行政学院学报，2016（1）：23-35．

［41］贺宏朝．"平台经济"下的博弈［J］．企业研究，2004（12）：20-24．

［42］洪伟达，马海群．我国政府数据治理协同机制的对策研究［J］．图书馆学研究，2019（19）：49-55，61．

[43] 侯东德，田少帅．金融科技包容审慎监管制度研究［J］．南京社会科学，2020（10）：87-94．

[44] 侯晓东，程恩富．基于产权视角的平台经济反垄断治理研究［J］．管理学刊，2021，34（2）：10-20．

[45] 胡峰，温志强，沈瑾秋，等．情报过程视角下大数据政策量化评价——以11项国家级大数据政策为例［J］．中国科技论坛，2020（4）：30-41，73．

[46] 黄如花，刘龙．我国政府数据开放中的个人隐私保护问题与对策［J］．图书馆，2017（10）：1-5．

[47] 黄如花，温芳芳．在开放政府数据条件下如何规范政府数据——从国际开放定义和开放政府数据原则谈起［J］．情报理论与实践，2018，41（9）：37-44．

[48] 黄卫东．网络平台的行政规制：基于行政合规治理路径的分析［J］．电子政务，2022（11）：15-27．

[49] 蒋国银，陈玉凤，蔡兴顺，等．平台经济治理：模式、要素与策略［J］．电子科技大学学报（社科版），2021，23（5）：85-94．

[50] 蒋国银，陈玉凤，匡亚林．共享经济平台数据治理：框架构建、核心要素及优化策略［J］．情报杂志，2021，40（8）：71-80．

[51] 蒋国银．平台经济数字治理：框架、要素与路径［J］．人民论坛·学术前沿，2021（Z1）：32-39．

[52] 蒋慧，刘晨希．失位与归正：平台经济中政府干预的边界厘定与制度建构［J］．广西社会科学，2022（3）：113-123．

[53] 蒋勋，刘喜文．大数据环境下面向知识服务的数据清洗研究［J］．图书与情报，2013（5）：16-21．

[54] 杰奥夫雷·G.帕克，马歇尔·W.范·埃尔斯泰恩，桑基特·保罗·邱达利．平台革命：改变世界的商业模式［M］．志鹏，译．北京：机械工业出版社，2019．

[55] 金晶．国家环境治理与环境政策审计：作用机理、现实困境与发展路径［J］．中国行政管理，2017（5）：20-24．

[56] 荆文君，刘航，鞠岩．互联网平台经济监管中的"威慑式治理"——引入逻辑、实现机理与保障措施［J］．经济管理，2022，44（2）：192-208．

[57] 雷晓天，柴静．从"发展中规范"到"规范中发展"：互联网平台用工治理的演进过程与机制［J］．中国人力资源开发，2022，39（5）：6-24．

[58] 李大宇,章昌平,许鹿.精准治理:中国场景下的政府治理范式转换[J].公共管理学报,2017,14(1):1-13,154.

[59] 李广乾,陶涛.电子商务平台生态化与平台治理政策[J].管理世界,2018,34(6):104-109.

[60] 李佳,刘蕾.互联网3.0时代的平台经济模式与发展策略[J].企业经济,2021,40(1):64-70.

[61] 李珒.协同治理中的"合力困境"及其破解——以京津冀大气污染协同治理实践为例[J].行政论坛,2020,27(5):146-152.

[62] 李凯,樊明太.我国平台经济反垄断监管的新问题、新特征与路径选择[J].改革,2021(3):56-65.

[63] 李坤刚."互联网+"背景下灵活就业者的工伤保险问题研究[J].法学评论,2019,37(3):140-151.

[64] 李凌.平台经济发展与政府管制模式变革[J].经济学家,2015(7):27-34.

[65] 李梦琳.论网络直播平台的监管机制——以看门人理论的新发展为视角[J].行政法学研究,2019(4):123-132.

[66] 李述琴.支付业务融合的国际监管实践与借鉴[J].金融发展研究.2019(11):81-86.

[67] 李伟绵,崔宇红.研究数据管理生命周期模型及在服务评估中的应用[J].情报理论与实践,2015,38(9):38-41.

[68] 李勇坚,夏杰长,刘悦欣.数字经济平台垄断问题:表现与对策[J].企业经济,2020,39(7):20-26.

[69] 李勇坚,夏杰长.数字经济背景下超级平台双轮垄断的潜在风险与防范策略[J].改革,2020(8):58-67.

[70] 李苑.反垄断法研究的热点、演进与展望——基于Citespace的文献计量分析[J].价格理论与实践,2020(7):48-52.

[71] 李志刚,黄灿,徐文明,等.裂变新创企业邻近选址类型划分及其与外部环境的匹配关系——基于扎根理论方法的探索[J].管理评论,2020,32(8):91-105.

[72] 梁宇,郑易平.我国政府数据协同治理的困境及应对研究[J].情报杂志,2021,40(9):108-114.

[73] 梁正,余振,宋琦.人工智能应用背景下的平台治理:核心议题、转型挑战与体系构建[J].经济社会体制比较,2020(3):67-75.

[74] 廖凡. 论金融科技的包容审慎监管 [J]. 中外法学, 2019, 31 (3): 797-816.

[75] 刘冰. "跨省通办"中数据共享的新挑战及协同治理策略 [J]. 电子政务, 2022 (2): 88-96

[76] 刘家明, 耿长娟. 从分散监管到协同共治: 平台经济规范健康发展的出路 [J]. 商业研究, 2020 (8): 37-44.

[77] 刘建义. 大数据驱动政府监管方式创新的向度 [J]. 行政论坛, 2019, 26 (5): 102-108.

[78] 刘祺. 当代中国数字政府建设的梗阻问题与整体协同策略 [J]. 福建师范大学学报(哲学社会科学版), 2020 (3): 16-22, 59, 168.

[79] 刘权. 网络平台的公共性及其实现——以电商平台的法律规制为视角 [J]. 法学研究, 2020, 42 (2): 42-56.

[80] 刘晓娟, 黄海晶, 张晓梅, 等. 智慧城市建设中的数据开放、共享与利用 [J]. 电子政务, 2016 (3): 35-42.

[81] 刘新宇. 大数据时代数据权属分析及其体系构建 [J]. 上海大学学报(社会科学版), 2019, 36 (6): 13-25.

[82] 刘重阳, 曲创. 平台垄断、劣币现象与信息监管——基于搜索引擎市场的研究 [J]. 经济与管理研究, 2018, 39 (7): 92-107.

[83] 卢超, 慕函岐, 孙华平. 我国氢燃料电池汽车财政补贴政策的系统动力学仿真研究 [J]. 产业经济评论, 2021 (3): 63-76.

[84] 鲁彦, 曲创. 互联网平台跨界竞争与监管对策研究 [J]. 山东社会科学, 2019 (6): 112-117.

[85] 鹿斌, 金太军. 协同惰性: 集体行动困境分析的新视角 [J]. 社会科学研究, 2015 (4): 72-78.

[86] 罗宾·蔡斯. 共享经济: 重构未来商业新模式 [M]. 王芮, 译. 杭州: 浙江人民出版社, 2015.

[87] 吕普生. 我国制度优势转化为国家治理效能的理论逻辑与有效路径分析 [J]. 新疆师范大学学报(哲学社会科学版), 2020, 41 (3): 18-33, 2.

[88] 马超, 顾海, 李佳佳. 我国医疗保健的城乡分割问题研究——来自反事实分析的证据 [J]. 经济学家, 2012 (12): 57-66.

[89] 马广惠, 安小米, 宋懿. 业务驱动的政府大数据平台数据治理 [J]. 情报资料工作, 2018 (1): 21-27.

[90] 马平川. 大数据时代的经济法理念变革与规制创新 [J]. 法学杂志, 2018, 39 (7): 92-98.

[91] 毛征兵, 范如国, 陈略. 新时代中国开放经济的系统性风险探究——基于复杂性系统科学视角 [J]. 经济问题探索, 2018 (10): 1-24.

[92] 毛子骏, 朱钰谦, 徐晓林. 中国省域政务数据安全政策文本量化研究 [J]. 情报杂志, 2021, 40 (12): 72-79, 50.

[93] 孟天广. 数字治理全方位赋能数字化转型 [J]. 政策瞭望, 2021 (3): 33-35.

[94] 尼克·斯尔尼塞克. 平台资本主义 [M]. 程水英, 译. 广州: 广东人民出版社, 2018.

[95] 戚聿东, 李颖. 新经济与规制改革 [J]. 中国工业经济, 2018 (3): 5-23.

[96] 戚聿东, 杨东, 李勇坚, 等. 平台经济领域监管问题研讨 [J]. 国际经济评论, 2021 (3): 27-48, 4-5.

[97] 钱学森, 于景元, 戴汝为. 一个科学新领域——开放的复杂巨系统及其方法论 [J]. 自然杂志, 1990 (1): 3-10, 64.

[98] 乔岳, 魏建. 波斯纳与佩尔兹曼对规制经济学的贡献 [J]. 经济学动态, 2019 (8): 148-160.

[99] G. J. 施蒂格勒. 产业组织和政府管制 [M]. 潘振民, 译. 上海: 上海人民出版社, 1996.

[100] 曲创, 刘重阳. 互联网平台经济的中国模式 [J]. 财经问题研究, 2018 (9): 10-14.

[101] 沈伯平, 张奕涵. 平台企业: 制度空隙、规制与监管 [J]. 上海经济研究, 2022 (4): 43-52.

[102] 沈玖玖, 王志远, 戴家武, 等. 基于扎根理论的科研数据需求及影响因素分析 [J]. 情报杂志, 2019, 38 (4): 175-180, 160.

[103] 史健勇. 优化产业结构的新经济形态——平台经济的微观运营机制研究 [J]. 上海经济研究, 2013, 25 (8): 85-89.

[104] 宋大成, 焦凤枝, 范升. 我国科学数据开放共享政策量化评价——基于 PMC 指数模型的分析 [J]. 情报杂志, 2021, 40 (8): 119-126.

[105] 宋俊典, 戴炳荣, 蒋丽雯, 等. 基于区块链的数据治理协同方法 [J]. 计算机应用, 2018, 38 (9): 2500-2506.

[106] 宋潇, 钟易霖, 张龙鹏. 推动基础研究发展的地方政策研究: 基于路径—工具—评价框架的 PMC 分析 [J]. 科学学与科学技术管理, 2021, 42 (12): 79-98.

[107] 孙国强. 关系、互动与协同：网络组织的治理逻辑 [J]. 中国工业经济, 2003 (11)：14-20.

[108] 孙晋, 万召宗. 滥用市场支配地位侵犯隐私行为的反垄断法规制 [J]. 财经法学, 2021 (5)：3-16.

[109] 孙友晋, 王思轩. 数字金融的技术治理：风险、挑战与监管机制创新——以基于区块链的非中心结算体系为例 [J]. 电子政务, 2020 (11)：99-107.

[110] 唐明, 廖虎昌, 徐泽水. 基于最大共识序列的子群关联型大群体决策方法 [J]. 系统工程理论与实践, 2021, 41 (11)：3043-3054.

[111] 唐要家. 数字平台的经济属性与监管政策体系研究 [J]. 经济纵横, 2021 (4)：43-51, 2.

[112] 唐长乐, 王春迎. 基于政务云数据中心的政府数据开放共享服务集成平台研究 [J]. 情报资料工作, 2017 (5)：13-19.

[113] 汪旭晖, 张其林. 平台型网络市场"平台—政府"双元管理范式研究——基于阿里巴巴集团的案例分析 [J]. 中国工业经济, 2015 (3)：135-147.

[114] 王春英, 陈宏民, 杨云鹏. 数字经济时代平台经济垄断问题研究及监管建议 [J]. 电子政务, 2021 (5)：2-11.

[115] 王丹力, 戴汝为. 综合集成研讨厅体系中专家群体行为的规范 [J]. 管理科学学报, 2001 (2)：1-6.

[116] 王俊豪, 周晟佳. 中国数字产业发展的现状、特征及其溢出效应 [J]. 数量经济技术经济研究, 2021, 38 (3)：103-119.

[117] 王俐, 周向红. 结构主义视阈下的互联网平台经济治理困境研究——以网约车为例 [J]. 江苏社会科学, 2019 (4)：76-85.

[118] 王少平, 赵钊. 中国资本市场的突出风险点与监管的反事实仿真 [J]. 中国社会科学, 2019 (11)：44-63, 205.

[119] 王先林, 曹汇. 平台经济领域反垄断的三个关键问题 [J]. 探索与争鸣, 2021 (9)：54-65, 178.

[120] 王晓红, 史向军. 新时代国家审计服务乡村治理路径研究 [J]. 西安财经大学学报, 2021, 34 (1)：61-67.

[121] 王晓晔. 论相关市场界定在滥用行为案件中的地位和作用 [J]. 现代法学, 2018, 40 (3)：57-69.

[122] 王欣亮, 任弢, 刘飞. 基于精准治理的大数据安全治理体系创新 [J]. 中国行政管理, 2019 (12)：121-126.

[123] 王勇，陈美瑛. 平台经济治理中的私人监管和规制［J］. 经济社会体制比较，2020（4）：62-68.

[124] 王勇，冯骅. 平台经济的双重监管：私人监管与公共监管［J］. 经济学家，2017（11）：73-80.

[125] 王勇，刘航，冯骅. 平台市场的公共监管、私人监管与协同监管：一个对比研究［J］. 经济研究，2020，55（3）：148-162.

[126] 魏礼群，顾朝曦，倪光南，汪玉凯，李韬. 数字治理：人类社会面临的新课题［J］. 社会政策研究，2021（2）：3-12.

[127] 魏小雨. 互联网平台信息管理主体责任的生态化治理模式［J］. 电子政务，2021（10）：105-115.

[128] 吴丹，刘子君. 大数据视角下的智慧信息服务：应用实践与未来趋势［J］. 信息资源管理学报，2018，8（2）：28-39，75.

[129] 吴晓求. 互联网金融：成长的逻辑［J］. 财贸经济.2015（2）：5-15.

[130] 夏光虎，贾宇波，范红丹. 分类与预测挖掘在信用风险评估中的应用研究［J］. 工业控制计算机，2012，25（7）：71-72.

[131] 肖红军，李平. 平台型企业社会责任的生态化治理［J］. 管理世界，2019，35（4）：120-144，196.

[132] 肖红军，阳镇，姜倍宁. 平台型企业发展："十三五"回顾与"十四五"展望［J］. 中共中央党校（国家行政学院）学报，2020，24（6）：112-123.

[133] 肖红军，阳镇，商慧辰. 平台监管的多重困境与范式转型［J］. 中国人民大学学报，2022，36（4）：24-39.

[134] 肖红军，阳镇. 平台企业社会责任：逻辑起点与实践范式［J］. 经济管理，2020，42（4）：37-53.

[135] 肖红军，阳镇. 平台型企业社会责任治理：理论分野与研究展望［J］. 西安交通大学学报（社会科学版），2020，40（1）：57-68.

[136] 谢富胜，吴越，王生升. 平台经济全球化的政治经济学分析［J］. 中国社会科学，2019（12）：62-81，200.

[137] 谢富胜，吴越. 平台竞争、三重垄断与金融融合［J］. 经济学动态，2021（10）：34-47.

[138] 谢增毅. 互联网平台用工劳动关系认定［J］. 中外法学，2018，30（6）：1546-1569.

[139] 邢小强, 汤新慧, 王珏, 等. 数字平台履责与共享价值创造——基于字节跳动扶贫的案例研究 [J]. 管理世界, 2021, 37 (12): 152-176.

[140] 熊鸿儒. 我国数字经济发展中的平台垄断及其治理策略 [J]. 改革, 2019 (7): 52-61.

[141] 徐晋, 张祥建. 平台经济学初探 [J]. 中国工业经济, 2006 (5): 40-47.

[142] 徐晋. 平台经济学——平台竞争的理论与实践 [M]. 上海: 上海交通大学出版社, 2007.

[143] 徐晓林, 明承瀚, 陈涛. 数字政府环境下政务服务数据共享研究 [J]. 行政论坛, 2018, 25 (1): 50-59.

[144] 许玉镇. 网络治理中的行业自律机制: 嵌入价值与推进路径 [J]. 吉林大学社会科学学报, 2018, 58 (3): 117-125, 206.

[145] 薛军. 电子商务法平台责任的初步解读 [J]. 中国市场监管研究, 2019 (1): 18-21.

[146] 薛克鹏, 赵鑫. 平台反垄断规制理念转型的制度障碍及破解 [J]. 探索与争鸣, 2022 (7): 56-65, 178.

[147] 薛澜, 赵静. 走向敏捷治理: 新兴产业发展与监管模式探究 [J]. 中国行政管理, 2019 (8): 28-34.

[148] 薛丽. "互联网+旅游"背景下旅游业新型监管模式研究 [J]. 中国行政管理 2018 (5): 59-62.

[149] 颜佳华, 王张华. 数字治理、数据治理、智能治理与智慧治理概念及其关系辨析 [J]. 湘潭大学学报(哲学社会科学版), 2019, 43 (5): 25-30, 88.

[150] 燕继荣. 制度、政策与效能: 国家治理探源——兼论中国制度优势及效能转化 [J]. 政治学研究, 2020 (2): 2-13, 124.

[151] 阳镇, 陈劲. 互联网平台型企业社会责任创新及其治理: 一个文献综述 [J]. 科学学与科学技术管理, 2021, 42 (10): 34-55.

[152] 阳镇, 陈劲. 数智化时代下的算法治理——基于企业社会责任治理的重新审视 [J]. 经济社会体制比较, 2021 (2): 12-21.

[153] 阳镇, 陈劲. 数智化时代下企业社会责任的创新与治理 [J]. 上海财经大学学报, 2020, 22 (6): 33-51.

[154] 阳镇. 平台型企业社会责任: 边界、治理与评价 [J]. 经济学家, 2018 (5): 79-88.

[155] 杨东，臧俊恒．数字平台的反垄断规制［J］．武汉大学学报（哲学社会科学版），2021，74（2）：160-171．

[156] 杨东．互联网金融的法律规制——基于信息工具的视角［J］．中国社会科学．2015（4）：107-126，206．

[157] 尧淦，夏志杰．政府大数据治理体系下的实践研究——基于上海、北京、深圳的比较分析［J］．情报资料工作，2020，41（1）：94-101．

[158] 叶林，李艳琼，方峥，等．文化产业扶贫政策的增收和减贫效应：微观机制和贵州农民画的经验［J］．贵州财经大学学报，2020（2）：84-97．

[159] 叶伟巍，梅亮，李文，等．协同创新的动态机制与激励政策——基于复杂系统理论视角［J］．管理世界，2014（6）：79-91．

[160] 易宪容，陈颖颖，于伟．平台经济的实质及运作机制研究［J］．江苏社会科学，2020（6）：70-78，242．

[161] 于凤霞．平台经济：新商业 新动能 新监管［M］．北京：电子工业出版社，2020．

[162] 余晖，钱贵明．平台经济垄断：基本表征、理论解释与管制治理［J］．江海学刊，2021（2）：98-104，254．

[163] 俞可平．全球治理引论［J］．马克思主义与现实，2002（1）：20-32．

[164] 詹馥静．大数据领域滥用市场支配地位的反垄断规制——基于路径检视的逻辑展开［J］．上海财经大学学报，2020，22（4）：138-152．

[165] 张君弟．系统建构、功能耦合与国家治理体系优化——一个复杂性框架［J］．学术研究，2018（9）：61-65．

[166] 张良强，王笑君．基于内容分析法的福建省科技创新政策比较研究［J］．宁德师范学院学报（哲学社会科学版），2019（2）：34-40．

[167] 张鲁秀．基于 CiteSpace 的国内外平台企业社会责任治理研究可视化对比分析［J］．山东社会科学，2022（1）：157-165．

[168] 张穹，曾雄，蒋传海，等．数字经济创新——监管理念更新、公共政策优化与组织模式升级［J］．财经问题研究，2019（3）：3-16．

[169] 张永安，耿喆，王燕妮．区域科技创新政策分类与政策工具挖掘——基于中关村数据的研究［J］．科技进步与对策，2015，32（17）：116-122．

[170] 张永安，郄海拓．国务院创新政策量化评价——基于 PMC 指数模型［J］．科技进步与对策，2017，34（17）：127-136．

[171] 赵昌文, 等. 平台经济的发展与规制研究 [M]. 北京: 中国发展出版社, 2019.

[172] 赵昌文. 高度重视平台经济健康发展 [J]. 金融博览, 2020 (1): 36-37.

[173] 赵龙文, 潘卓齐. 关联数据维护中的变更通知描述方法研究——以关联开放政府数据为例 [J]. 图书馆学研究, 2018 (23): 61-68.

[174] 郑磊. 开放政府数据研究: 概念辨析、关键因素及其互动关系 [J]. 中国行政管理, 2015 (11): 13-18.

[175] 郑智航. 网络社会法律治理与技术治理的二元共治 [J]. 中国法学, 2018 (2): 108-130.

[176] 植草益. 微观规制经济学 [M]. 朱绍文, 胡欣欣, 等译. 北京: 中国发展出版社, 1992.

[177] 周城雄, 李美桂, 林慧, 等. 战略性新兴产业: 从政策工具、功能到政策评估 [J]. 科学学研究, 2017, 35 (3): 346-353.

[178] 周文, 刘少阳. 社会主义基本经济制度、治理效能与国家治理现代化 [J]. 中国经济问题, 2020 (5): 3-16.

[179] 周文, 韩文龙. 平台经济发展再审视: 垄断与数字税新挑战 [J]. 中国社会科学, 2021 (3): 103-118, 206.

[180] 周文, 刘少阳. 平台经济反垄断的政治经济学 [J]. 管理学刊, 2021, 34 (2): 1-9.

[181] 周毅. 全球平台经济的发展、问题与建议 [J]. 发展研究, 2019 (10): 4-9.

[182] 朱力, 邵燕. 社会治理机制的新转向: 从事后倒逼到事前预防 [J]. 社会科学研究, 2017 (4): 93-98.

[183] 朱婉菁. 基于区块链技术的多中心协同治理: 技术促生的制度可操作化 [J]. 电子政务, 2021 (5): 58-70.

[184] 朱文忠, 尚亚博. 我国平台企业社会责任及其治理研究——基于文献分析视角 [J]. 管理评论, 2020, 32 (6): 175-183.

[185] 朱晓娟, 李铭. 电子商务平台企业社会责任的正当性及内容分析 [J]. 社会科学研究, 2020 (1): 28-36.

二、英文文献

[1] Ansell C, Gash A. Collaborative governance in theory and practice

[J]. Journal of Public Administration Research and Theory, 2008, 18 (4): 543-571.

[2] Armstrong M. Competition in two-sided markets [J]. The RAND Journal of Economics, 2006, 37 (3): 668-691.

[3] Caillaud B, Jullien B. Chicken and egg: competition among intermediation service providers [J]. The RAND Journal of Economics, 2003, 34 (2): 309-328.

[4] Cook B, Mcguire T, Lock K, et al. Comparing methods of racial and ethnic disparities measurement across different settings of mental health care [J]. Health Serv Res, 2010, 45 (3): 825-847.

[5] Ding W, Wang T, Liu X H, et al. Research on mobile phone user's portrait and credit based on large data technology [J]. DesigTechn Post Telecommun, 2016 (3): 64-69.

[6] Dunleavy P. Digital era governance: IT corporations, the state, and e-government [M]. Oxford: Oxford University Press, 2006.

[7] Eisenmann T, Parker G, Van Alstyne M. Platform envelopment [J]. Strategic Management Journal, 2011 (32): 1270-1285.

[8] Janowski T, Estevez E, Baguma R. Platform governance for sustainable development: reshaping citizen-administration relationships in the digital age [J]. Government Information Quarterly, 2018, 35 (4): S1-S16.

[9] Kilian L. Exogenous oil supply shocks: how big are they and how much do they matter for the U. S. economy? [J]. The Review of Economics & Statistics, 2008, 90: 216-240.

[10] Klievink B, Bharosa N, Tan Y H. The collaborative realization of public values and business goals: governance and infrastructure of public-private information platforms [J]. Government Information Quarterly, 2016, 33 (1): 67-79.

[11] Martin C J, Upham P, Klapper R. Democratising platform governance in the sharing economy: an analytical framework and initial empirical insights [J]. Journal of Cleaner Production, 2017, 166: 1395-1406.

[12] Mcguire T, Alegria M, Cook B, et al. Implementing the Institute of Medicine definition of disparities: an application to mental health care [J]. Health Services Research, 2006, 41 (5): 1979-2005.

[13] Meijer A. E-governance innovation: barriers and strategies [J]. Government Information Quarterly, 2015, 32 (2): 198-206.

[14] Mohaddes K, Pesaran M H. Country-specific oil supply shocks and the global economy: a counterfactual analysis [J]. Energy Economics, 2016, 59: 382-399.

[15] Patel J. Bridging data silos using Big Data integration [J]. International Journal of Database Management Systems, 2019, 11 (3): 1-6.

[16] Patton M Q. Reports on topic areas: The evaluator's responsibility for utilization [J]. Evaluation Practice, 1988, 9 (2): 5-24.

[17] Reid G J. Effectiveness of administrative reform: an alternative hypothesis [J]. Public Administration Review, 2012, 72 (3): 334-335.

[18] Rochet J C, Tirole J. Platform competition in two-sided markets [J]. Journal of European Economic Association, 2003, 1 (4): 990-1029.

[19] Rochet J C, Tirole J. Two-sided markets: a progress report [J]. The RAND Journal of Economics, 2006, 37 (3): 645-667.

[20] Rothwell R, Zegveld W. Reindustrialization and technology [J]. Science and Public Policy, 1985, 12 (3): 113-130.

[21] Severyn A, Moschitti A. Learning to rank short text pairs with convolutional deep neural networks [C]. Proceedings of the 38th International ACM SIGIR Conference, 2015: 373-382.

[22] Thompson N, Ravindran R, Nicosia S. Government data does not mean data governance: lessons learned from a public sector application audit [J]. Government Information Quarterly, 2015, 32 (3): 316-322.

[23] Upper C, Worms A. Estimating bilateral exposures in the German interbank market: is there a danger of contagion? [J]. European Economic Review, 2004, 48: 827-849.

[24] Walker, R M, Boyne, G A. Public management reform and organizational performance: an empirical assessment of the U. K. Labour government's public service improvement strategy [J]. Journal of Policy Analysis & Management, 2017, 25 (2): 371-393.